KB267940

나 __________ 은(는) 내 인생의 창조자입니다.
나는 내 안의 힘과 가능성을 믿습니다.
나는 모든 부의 시작이 보이지 않는 '생각'임을 압니다.
나는 내 마음에 품은 오늘의 생각이 나의 행동을 바꾸고,
그 행동이 내 삶에 풍요로운 현실을 가져다줄 것을 알고 있습니다.

나 __________ 은(는) '부자가 될 수밖에 없다'는 믿음을 선택합니다.
이 강력한 믿음은 성공할 기회와 행동,
그리고 긍정적인 사람들을 끊임없이 나에게로 끌어당깁니다.
나 __________ 은(는) 오늘부터 스스로에게 선언합니다.
"나는 내 운명을 창조하는 사람이다."

부의 씨앗은 이미 내 안에 있습니다.
내 생각 하나하나가 내 인생을 새로 쓰는 강력한 힘이 됩니다.

나는 바로 오늘부터
내 생각을 부자로 변화시키고,
원하는 모든 것을 성취하는 삶을 선택합니다.

Awakening

부의 진동을 깨우는
100일 철학 필사

1판 1쇄 펴냄 2026년 1월 1일
1판 2쇄 펴냄 2026년 1월 16일

지은이 조성희
발행인 김병준·고세규
발행처 생각의힘
편집 박소연 디자인 이소연·김경민 마케팅 김유정·신예은·최은규

등록 2011. 10. 27. 제406-2011-000127호
주소 서울시 마포구 독막로6길 11. 2, 3층
전화 편집 02)6925-4185, 영업 02)6925-4188 팩스 02)6925-4182
전자우편 tpbook1@tpbook.co.kr 홈페이지 www.tpbook.co.kr

ISBN 979-11-94880-38-7 (03320)

Awakening

부의 진동을 깨우는
100일 철학 필사

조성희 지음

생각의힘

일러두기

* 이 책에 인용된 철학 명언들은 동서양 성인과 현인의 말씀, 그리고 고전을 바탕으로 하였
다. 일부는 원문 그대로 인용하였으며, 일부는 그 사상과 본뜻을 살려 현대의 언어로 재구
성하거나 의역하였다. 저자는 잠재의식을 이용하는 법을 가르치는 마인드파워 전문가로
서, 이 명언들을 단순 인용문이 아닌 '마음의 에너지와 의식의 진동'을 깨우는 실천 철학의
언어로 해석하고자 하였다.

* 이 책의 모든 문장은 독자가 '마음의 부'와 '진정한 풍요'를 체험하고, 현실 속에서 그것을
실현할 수 있도록 의식의 방향을 확장하고 행동의 진동을 일으키는 데 초점을 맞추었다.

100일간 부의 진동을 깨워내고
찬란하게 빛날 당신에게

당신의 봄날은 반드시 온다

몇 년 전, 인터뷰에서 이런 질문을 받았다.

"20대의 조성희에게 해주고 싶은 말이 있다면 무엇인가요?"

나는 주저 없이 이렇게 답했다. 그때의 나에게 꼭 해주고 싶은 말이라고, 지하 사글셋방, 곰팡이 냄새, 술독에 빠져 허우적거리며 울고 있던 스무 살의 나에게….

"성희야, 괜찮아. 지금의 아픔이 너를 무너뜨리지 않아. 네가 마음먹은 대로, 네가 적어 내려간 대로 네 인생은 반드시 달라질 거야. 걱정 마. 너의 봄날은 반드시 온다."

그 시절 나는 처절할 만큼 외롭고 괴로웠다. 가난과 우울과 분노 속에서 벗어날 방법이 보이지 않았다.

그때는 몰랐다. 내 안에 그 힘이 있다는 것을. 내면을 바꾸어야 현실이 바뀐다는 것을. 그때 누군가 단 한 명이라도 그 사실을 알려주었더라면, 그 길을 알려줄 전문가가 단 한 명이라도 있었더라면, 나는 그렇게 오랜 시간을 방황하지 않았을 것이다. 그래서 나는 이 일을 시작했다. 그리고 지난 17년 동안, 나폴레온 힐Napoleon Hill의 계승자 밥 프록터Bob Proctor의 한국 유일 파트너로서 정통 마인드 파워를 전하며 수많은 사람의 인생 반전을 눈앞에서 지켜보고 있다.

진짜 위험한 순간은 '위기 자체'가 아니다

요즘 주위에서는 이런 말이 너무 쉽게 들린다.

"코로나 때보다 지금이 더 힘듭니다." "살 의욕이 없어졌어요." "버티다 버티다 이제는 자신이 없습니다…."

경제 위기, 폐업, 빚 부담, 예측할 수 없는 미래. 이런 시기에 대다수의 사람은 '한 방'을 찾고, 빠른 답을 원한다. 하지만 조급함으로 내린 결정은 대부분 더 깊은 절망으로 자신을 끌고 간다. 한 방을 노리다 한순간에 무너지는 사람들을 나는 너무 많이 보아왔다.

이럴 때일수록 명심해야 한다. 위기 자체가 위험한 것이 아니라, 그 위기 앞에서 마음이 무너지는 순간이 진짜 위험이다. 삶의 위기는 누구에게나 찾아온다. 그런데 그 위기를 어떻게 해석하고, 반응할지는 언제나 우리의 선택이다.

나는 마인드파워를 전해 온 지난 긴 세월 동안 수많은 사람의 인생 반전을 목격해 왔다. 빚에 허덕이던 사람들, 상실과 절망에서 삶을 포기하려 했던 사람들이 잠재의식을 깨우는 순간, 기적처럼 그 삶이 놀라울 만큼 뒤집혔다.

이 모든 변화는 외부에서 온 것이 아니다. 진짜 변화는 보이지 않는 내면의 진동을 바꾸는 순간부터 시작되었다.

내 삶을 바꾼 하나의 방법, 그리고 당신의 삶도 바꿀 방법

지하방에서 울고 있던 그 시절의 나는 하루하루가 버티기 힘들 만큼 괴로웠다. 그때 나를 살린 건 대단한 비법도, 특별한 스킬도 아니었다. 정말 단순했다. 그때 나를 붙잡아준 것은 '필사'였다.

나는 책 속 문장을 수백 번 쓰고, 읽고, 되새기고, 책이 너덜너덜해질 때까지 반복했다. 살기 위해 썼고, 버티기 위해 썼고, 그 문장들이 내 세포에 스며들 때까지 썼다. 그리고 어느 순간, 내 현실은 조용히, 그러나 확실하게 달라지기 시작했다.

그래서 나는 이 책을 쓴다. 지금 힘들어 주저앉아 있는 누군가에게 '한 방'이 아니라 불변의 진리가 결국 당신의 현실을 바꾼다는 것을 전하고 싶어서다.

이 책은 '읽는 책'이 아니다. 당신의 잠재의식을 다시 쓰는 책이다

이 책은 지식을 전달하려고 쓴 책이 아니다. 당신의 잠재의식에 깊숙이 새겨 넣어, 지금의 현실을 넘어서는 새로운 부의 진동을 깨우기 위한 책이다. 동서양의 현인들이 남긴 진리 위에 마인드파워 관점을 더해서 100일 동안 당신의 잠재의식에 스며들도록 정교하게 구성했다.

지금 힘든가? 괜찮다. 당신 안에는 아직 꺼내지 않은 훨씬 더 큰 힘이 있다. 앞으로의 100일은 그 힘이 진짜로 깨어나는, 말 그대로 'Awakening'의 시간이 될 것이다.

오늘 당신이 쓰는 한 줄, 당신의 그 조용한 변화의 결심 하나가 내일을 바꾸고, 그 내일들이 쌓여 당신의 인생 전체를 다시 빚어낼 것이다. 지난 17년 동안, 수많은 사람이 그렇게 자신의 인생을 바꿔냈다. 이제 당신 차례다.

나는 당신의 100일을 믿는다.

그 100일이 당신 삶의 새로운 장을 열 것임을 안다.

필사를 마친 찬란한 당신을 나는 이미 마음속으로 보고 있다.

당신의 여정을 진심으로 축복한다.

그리고 당신이 끌어올릴 모든 풍요를 온 마음으로 응원한다.

2025년 12월의 첫날,
부의 진동을 가득 담아
조성희

부를 깨우는 100일 루틴

지금, 당신은 진정한 부의 세계로 향하는 문 앞에 서 있습니다.
오늘부터 써 내려가는 이 한 문장이 당신의 잠재의식을 깨우고,
당신의 현실을 완전히 새롭게 구성할 것입니다.
이 100일의 여정이 끝날 때,
당신은 진정한 풍요가 이미 당신의 삶에 스며들어 있음을
깨닫게 될 것입니다.

1	2	3	4	5	6	7	8	9	10
/	/	/	/	/	/	/	/	/	/
11	12	13	14	15	19	17	18	19	**20**
/	/	/	/	/	/	/	/	/	/
21	22	23	24	25	26	27	28	29	30
/	/	/	/	/	/	/	/	/	/
31	32	33	34	35	36	37	38	39	**40**
/	/	/	/	/	/	/	/	/	/
41	42	43	44	45	46	47	48	49	50
/	/	/	/	/	/	/	/	/	/
51	52	53	54	55	56	57	58	59	**60**
/	/	/	/	/	/	/	/	/	/
61	62	63	64	65	66	67	68	69	70
/	/	/	/	/	/	/	/	/	/
71	72	73	74	75	76	77	78	79	**80**
/	/	/	/	/	/	/	/	/	/
81	82	83	84	85	86	87	88	89	90
/	/	/	/	/	/	/	/	/	/
91	92	93	94	95	96	97	98	99	**100**
/	/	/	/	/	/	/	/	/	/

풍요를 끌어오는 100일 필사법

당신의 100일은 '오늘의 철학 명언 → 마인드파워 해설 → 오늘의 필사 → 오늘의 자기 선언' 이 네 흐름을 따라 잠재의식을 다시 쓰는 시간입니다. 하루하루 창조의 여정을 완성해 가다 보면 당신은 '풍요를 찾는 사람'에서 '풍요를 만들어내는 사람'으로 다시 태어나 있을 것입니다.

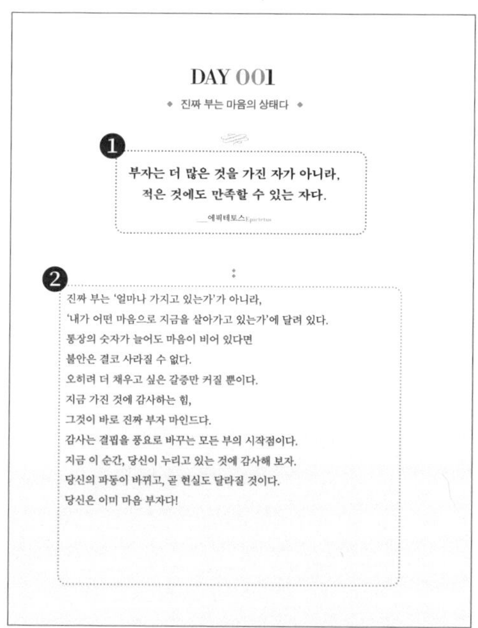

❶ 오늘의 철학 명언: '의식에 불을 켜는 문장'

눈으로 보고, 입으로 읽고, 자신의 목소리로 듣는 순간 그 문장은 당신 안에서 새로운 깨달음의 파동을 만듭니다.

❷ 마인드파워 해설: '관점 전환의 순간'

명언을 오늘의 당신과 연결하는 과정입니다. 마음 깊은 곳으로부터 공감을 이끌어내는 마인드파워 해설을 따라 명언의 메시지를 나의 것으로 만듭니다.

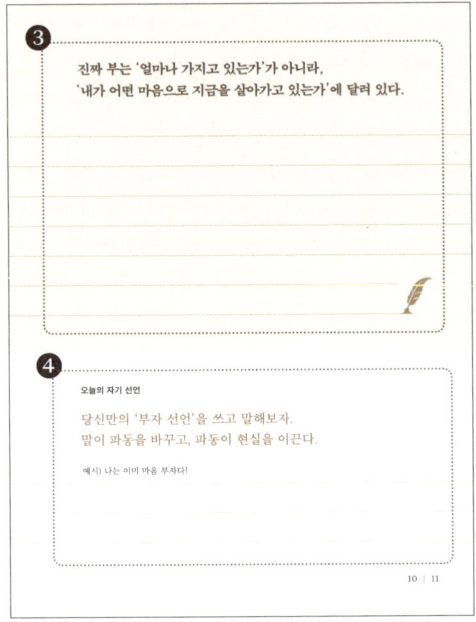

❸ 오늘의 필사: '부의 진동을 새기는 시간'

명언과 마인드파워 해설에서 뽑은 핵심 문장을 손으로 쓰고, 소리 내어 읽어 당신의 목소리로
들을 때 그 문장은 잠재의식 깊숙이 각인됩니다.

❹ 오늘의 자기 선언: '현실을 움직이는 한 문장'

'나는~'으로 시작하는 선언은 잠재의식을 가장 강력하게 움직이는 언어입니다.
오늘 적는 한 문장이 당신의 행동과 현실을 바꿀 힘이 됩니다.

차례

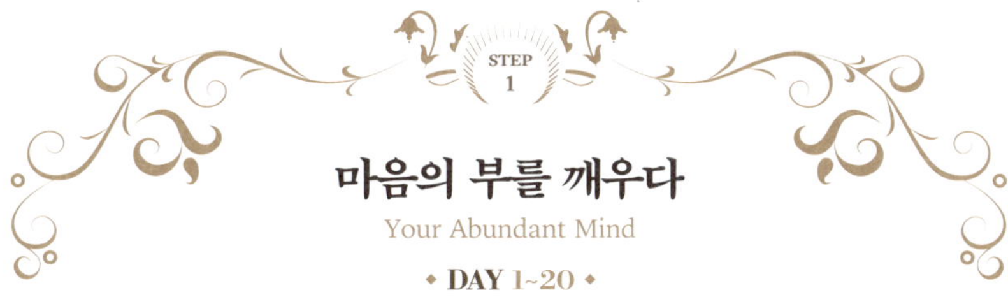

마음의 부를 깨우다
Your Abundant Mind
◆ DAY 1~20 ◆

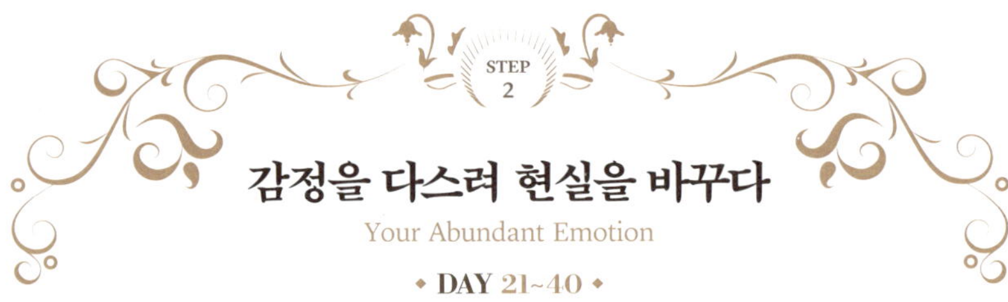

STEP
2
감정을 다스려 현실을 바꾸다
Your Abundant Emotion
◆ DAY 21~40 ◆

강력한 신념으로 전환시키다
Your Abundant Faith
◆ DAY 41~60 ◆

STEP
4
풍요의 습관을 내 삶에 심다
Your Abundant Habit
◆ DAY 61~80 ◆

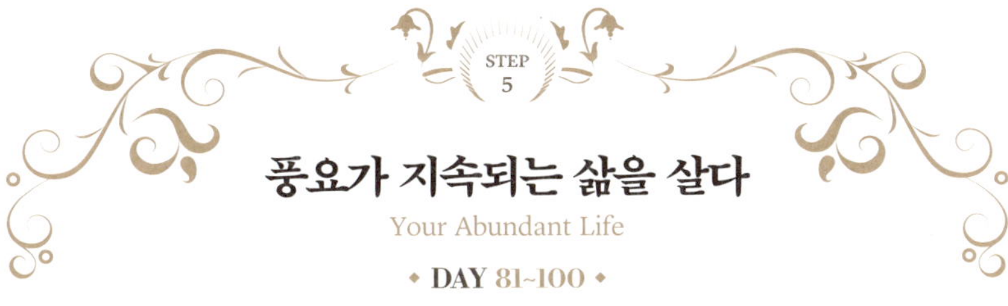

진짜 부는 외부에서 오지 않는다.
모든 부의 시작은 '내 마음의 상태'에서 비롯된다.
당신의 통장보다 먼저 점검해야 할 것은 바로 당신의 마음이다.

1단계는 돈 걱정, 불안, 자존감의 결핍 속에 있는 당신에게
'부는 숫자가 아니라 에너지'라는 완전히 새로운 관점을 열어준다.
당신이 느끼는 감정, 믿는 생각, 반복하는 말이
곧 부를 끌어당기는 주파수가 된다는 사실을 깨닫게 될 것이다.
이 과정은 단순히 '긍정적으로 생각하자'는 수준이 아니다.
'나는 이미 풍요로운 사람이다'라는 존재의 에너지를 체험하고,
그 진동이 현실을 어떻게 바꾸는지를 직접 경험하게 된다.

기억하라.
물질적인 부는 언제나 '마음의 부'에서 비롯된다.
당신이 마음을 풍요롭게 만들 때,
세상은 그 진동에 반응하며 새로운 길을 열기 시작할 것이다.

이제 첫걸음이다.
매일 문장을 필사하며 '진짜 부자'의 마음을 깨워보자.

STEP 1

—— DAY 1~20 ——

마음의 부를 깨우다

Your Abundant Mind

DAY 001

**부자는 더 많은 것을 가진 자가 아니라,
적은 것에도 만족할 수 있는 자다.**

___에픽테토스 Epictetus

진짜 부는 '얼마나 가지고 있는가'가 아니라,

'내가 어떤 마음으로 지금을 살아가고 있는가'에 달려 있다.

통장의 숫자가 늘어도 마음이 비어 있다면

불안은 결코 사라질 수 없다.

오히려 더 채우고 싶은 갈증만 커질 뿐이다.

지금 가진 것에 감사하는 힘,

그것이 바로 진짜 부자 마인드다.

감사는 결핍을 풍요로 바꾸는 모든 부의 시작점이다.

지금 이 순간, 당신이 누리고 있는 것에 감사해 보자.

당신의 파동이 바뀌고, 곧 현실도 달라질 것이다.

당신은 이미 마음 부자다!

진짜 부는 '얼마나 가지고 있는가'가 아니라,
'내가 어떤 마음으로 지금을 살아가고 있는가'에 달려 있다.

당신만의 '부자 선언'을 쓰고 말해보자.
말이 파동을 바꾸고, 파동이 현실을 이끈다.

예시) 나는 이미 마음 부자다!

DAY 002

무언가를 끌어당기려 하지 말고, 그 자체가 되어라.
그러면 그것은 저절로 너에게 오게 된다.

___라마나 마하르시 Ramana Maharshi

대다수의 사람은 "돈을 벌어야 해" "풍요를 끌어당기고 싶어"라고 말한다.
겉으로는 열망처럼 보이지만, 그 말 뒤의 마음이 '나는 지금 부족하다'라면,
그 에너지는 풍요가 아니라 결핍을 더 크게 키운다.
우주는 말이 아니라 진동에 반응한다.
원하는 것을 끌어당기는 가장 빠른 방법은 그것을 좇는 것이 아니라
그 상태로 존재하는 것이다. 나는 이미 풍요로운 사람이라고 '느끼고',
그 마음으로 '말하고', 그 진동으로 '행동하라.'
행동보다 먼저 바꿔야 할 것은 내면의 파동이다.
'나는 이미 풍요로운 사람이다'라는 이 믿음이 당신의 에너지를 바꾼다.
그 순간, 세상은 그 진동에 맞춰 부와 기회,
그리고 사람들을 자연스럽게 보내준다.
돈은 좇을 대상이 아니다. 돈은 내가 내뿜는 에너지에 반응하는 결과다.
내가 존재 상태를 바꾸는 순간, 세상은 그 진동에 응답한다.

돈은 좇을 대상이 아니다.
돈은 내가 내뿜는 에너지에 반응하는 결과다.

오늘의 자기 선언

당신만의 '풍요 선언'을 쓰고 말해보자.
선언은 당신의 진동을 바꾸는 강력한 파동이다.

예시) 나는 이미 풍요로운 사람이다.

DAY 003

**감사하는 자는 더 많은 복을 얻고,
불평하는 자는 가진 것마저 잃는다.
만족을 아는 자가 진정한 부자이다.**

___《숫타니파타》

감사는 부를 끌어당기는 비밀 통로다.

우리가 당연하게 여기는 것들, 두 눈, 심장, 폐, 간, 두 팔, 두 다리.

돈으로 환산하면 51억 원이 넘는 몸을 우리는 이미 가지고 있다.

게다가 하루 860만 원어치의 공기를

단 한 푼도 내지 않고 마시며 살고 있다.

그럼에도 많은 사람이 가진 것보다 없는 것에 집중한다.

그럴수록 마음은 부족함에 머물고,

결핍의 진동은 점점 더 커진다.

감사는 마음의 주파수를 바꾸는 스위치다.

오늘 하루, 당연하게 여겼던 것들에 '고맙다'고 말해보라.

숨 쉬는 일, 밥 한 끼, 누군가의 미소,

이 모든 것이 이미 부의 증거다.

감사는 부를 끌어당기는 가장 빠르고 가장 확실한 길이다.

**오늘 하루, 당연하게 여겼던 것들에 '고맙다'고 말해보자.
감사는 부를 끌어당기는 가장 빠르고 가장 확실한 길이다.**

오늘의 자기 선언

**당신만의 '감사 선언'을 쓰고 말해보자.
감사하는 순간, 부의 문이 열린다.**

예시) 나는 오늘 모든 것에 감사한다.

DAY 004

**부는 영혼의 상태에 달려 있다.
내면이 풍요로운 자는 언제나 부유하다.**

——플라톤Plato

진짜 부는 통장이 아니라, 마음의 창고에 있다.

마음이 공허하면 아무리 돈을 벌어도

그 부는 오래 머물지 못한다.

현실은 언제나 마음의 상태를 그대로 비춘다.

마음이 평온하면 세상은 더 많은 풍요로 응답하고,

불안하면 현실도 흔들린다.

좋은 생각은 좋은 일을, 두려움은 결핍을 불러온다.

부의 시작점은 마음의 진동이다.

진짜 부자는 세상을 바꾸기 전에

자신의 마음을 먼저 다스리는 사람이다.

오늘, 나의 마음 창고를 먼저 채워라.

그 안이 충만해질 때,

외부의 부는 반드시 따라온다.

진짜 부자는 세상을 바꾸기 전에
자신의 마음을 먼저 다스리는 사람이다.

오늘의 자기 선언

당신만의 '충만 선언'을 쓰고 말해보자.
마음이 채워질 때 세상은 풍요로 답한다.

예시) 나는 오늘, 내 마음의 창고를 풍요로 채운다.

DAY 005

성공과 부는 당신의 사고방식에서 시작된다.
위대한 사람들은 결코 환경 탓을 하지 않는다.
그들은 스스로의 생각을 통해 운명을 창조한다.

―제임스 앨런James Allen

대다수의 사람은 환경을 탓하며 그 안에 갇혀 산다.

하지만 진짜 부자는 같은 현실 속에서도

어떤 생각을 선택할지 스스로 결정한다.

모든 부의 시작은 보이지 않는 '생각'이다.

마음속에 품은 생각이 행동을 결정하고, 행동이 내 삶의 결과를 만든다.

'나는 부자가 될 수 없다'는 생각은 그대로 현실이 되고,

'나는 부자가 될 수밖에 없다'는 믿음은 기회와 행동, 사람들을 끌어당긴다.

나의 은행 잔고, 일, 건강, 관계…….

지금의 모든 현실은 과거에 품었던 생각의 결과다.

현실을 바꾸고 싶다면, 지금 이 순간의 생각부터 바꿔라.

오늘부터 스스로에게 선언하라. "나는 내 운명을 창조하는 사람이다."

부의 씨앗은 이미 내 안에 있다.

지금 이 순간의 생각 하나가, 당신의 인생을 새로 쓰기 시작할 것이다.

**지금 이 순간의 생각 하나가,
당신의 인생을 새로 쓰기 시작할 것이다.**

오늘의 자기 선언

**당신만의 '운명 선언'을 쓰고 말해보자.
모든 부의 시작은 보이지 않는 '생각'이다.**

예시) 나는 내 운명을 창조하는 사람이다.

DAY 006

모든 것은 마음에서 비롯된다.
네가 어떤 생각을 하는가에 따라 운명이 달라진다.
마음이 부유하면 현실도 부유해진다.

——《법구경 法句經》

우리가 사는 세상은 눈앞에 보이는 결과물 같지만,

그 시작은 모두 보이지 않는 '마음'에서 비롯된다.

내가 어떤 생각을 품는가에 따라 삶은 전혀 다른 방향으로 흐른다.

결핍의 씨앗을 심으면 결핍이 자라고, 풍요의 씨앗을 심으면 풍요가 자란다.

보이는 열매는 언제나 보이지 않는 마음의 씨앗에서 자라난다.

잠재의식은 비옥한 토양이다. 그 안에 심는 생각이 결국 현실이 된다.

그러니 열매를 바꾸고 싶다면, 먼저 씨앗을 바꿔야 한다.

마음의 힘은 불가능을 가능으로 바꾸고,

약자를 강자로, 절망을 희망으로 변화시킨다.

이 세상에 마음의 힘이 닿지 않는 곳은 없다.

오늘 하루, 스스로에게 물어라.

"나는 지금 어떤 생각의 씨앗을 심고 있는가?"

그 한 줄의 자각이 당신의 인생을 새로 쓰기 시작할 것이다.

**보이는 열매는
언제나 보이지 않는 마음의 씨앗에서 자라난다.**

오늘의 자기 선언

당신만의 '씨앗 선언'을 쓰고 말해보자.
내가 심는 생각이 내 현실이 된다.

예시) 나는 오늘, 풍요의 씨앗을 심는다.

DAY 007

네 운명을 사랑하라 Amor Fati.
네가 선택한 것을 의심하지 말고,
그것이 너의 운명이라 여기고 창조해 나가라.

___프리드리히 니체 Friedrich Nietzsche

인생은 내 뜻대로 흘러가지 않을 때가 더 많다.

그때 대다수의 사람은 멈추고, 좌절하고, 포기한다.

하지만 운명을 사랑하는 사람은 다르다.

그는 어떤 시련이 와도 '이것 또한 나를 위한 선물'이라 바라보고,

그 순간마저도 성장의 재료로 바꾼다.

운명을 사랑한다는 건 모든 것을 통제하려는 집착을 내려놓고,

지금 이 순간의 흐름을 신뢰하는 것이다.

그 수용과 사랑이 두려움을 녹이고,

당신의 에너지를 전혀 다른 차원으로 끌어올린다.

기억하라. 인생은 단 한 번뿐이다.

당신은 실패를 통해서도 성장하고,

시련을 통해서도 부를 끌어올릴 수 있는 존재다.

운명을 사랑하는 사람, 그는 어떤 상황에서도 멈추지 않는다.

그는 삶을 신뢰하고, 결국 부를 끌어당기는 사람이다.

운명을 사랑하라.
그 사랑이 모든 것을 기회로 바꾼다.

오늘의 자기 선언

당신만의 '운명 사랑' 선언을 쓰고 말해보자.
수용이 곧 에너지이고, 사랑이 곧 힘이다.

예시) 나는 지금의 모든 순간을 신뢰하고 사랑한다.

DAY 008

**행복은 부가 아니라, 내면의 평온에서 나온다.
부유한 마음이 없는 자는 아무리 많은 돈을 가져도
결코 만족하지 못한다.**

———아르투어 쇼펜하우어 *Arthur Schopenhauer*

돈이 많아도 마음이 불안하다면

그 부는 오래 머물지 않는다.

진짜 부는 통장이 아니라, 마음의 상태에 달려 있다.

마음이 평온하면 가진 것 안에서도 기쁨을 발견하고,

없는 것조차 끌어오게 된다.

반대로 불안한 마음은 결핍을 불러오고,

채워도 채워지지 않는 허무만 남긴다.

부를 지키고 싶다면, 먼저 마음을 다스려라.

마음의 평화는 단순한 감정이 아니다.

그것은 부가 머무는 그릇, 기회를 끌어들이는 자석이다.

오늘, 잠시 멈춰라.

숨을 깊게 들이쉬고, 고요 속에 머물러라.

그 순간, 당신의 마음은 이미 부의 진동과 하나가 된다.

**마음의 평화는 단순한 감정이 아니다.
그것은 부가 머무는 그릇, 기회를 끌어들이는 자석이다.**

오늘의 자기 선언

당신만의 '평온 선언'을 쓰고 말해보자.
평온은 부를 오래 머물게 하는 그릇이다.

예시) 나는 어떤 상황에서도 고요하다.

DAY 009

나는 생각한다, 고로 존재한다.
우리의 생각이 우리 자신과 세계를 형성한다.

_____ 르네 데카르트 René Descartes

당신이 누구인지, 어떤 세상에서 살아가는지는
결국 당신이 어떤 생각을 선택하는가에 달려 있다.
'나는 부족하다'는 생각은 부족한 현실을 만들고,
'나는 이미 충분하다'는 생각은 풍요를 불러온다.
생각은 파동이 되고, 그 파동은 반드시 현실이 된다.
상황이 어렵더라도, 우리는 언제나 더 행복하고 풍요로운 마음 상태를
선택할 수 있다. 완벽하지 않아도 괜찮다.
단지 자기 연민과 불평, 비교의 생각을 내려놓는 것만으로도
당신의 에너지는 완전히 달라진다.
기억하라. 지금의 나는 과거의 생각이 만든 결과다.
내일의 나는 오늘의 생각이 만든다.
생각은 현실을 움직이는 명령어다.
오늘, 풍요로운 생각을 선택하라.
세상은 당신의 생각에 응답하기 시작할 것이다.

지금의 나는 과거의 생각이 만든 결과다.
내일의 나는 오늘의 생각이 만든다.

오늘의 자기 선언

당신만의 '생각 선언'을 쓰고 말해보자.
마음속에 품은 생각이 곧 현실이 된다.

예시) 나는 생각한다, 고로 부유하다.

DAY 010

**당신이 하루 종일 생각하는 것이 곧 당신이 된다.
사람은 자신의 가장 깊은 생각을 따라 형성된다.**

———랄프 왈도 에머슨Ralph Waldo Emerson

에머슨의 말처럼, 하루 종일 내가 붙잡는 생각이 곧 나 자신을 만든다.
잠깐의 긍정은 아무 힘이 없다. 반복해서 품는 생각이 현실을 바꾼다.
라디오를 특정 주파수에 맞추면 그 채널의 음악만 흘러나오듯,
내가 하루 종일 머무는 생각이 곧 내 인생의 주파수를 결정한다.
풍요로운 생각에 머무는 사람은
그 진동에 맞는 기회와 사람, 자원을 끌어오고
불안과 결핍에 머무는 사람은 그 주파수에 맞는 현실을 계속 끌어당긴다.
그래서 하루에도 수십 번씩 마음을 되돌려야 한다.
'나는 이미 충분히 풍요롭다.'
'나는 부를 끌어당기는 사람이다.'
이것은 단순한 위안이 아니라, 잠재의식과 우주에 보내는 강력한 신호다.
꾸준히 주파수를 맞춘 사람은 어느 날 문득 깨닫는다.
부가 내게 '오는 것'이 아니라, 내가 이미 '부의 중심'이 되어 있었다는 것을.

**잠깐의 긍정은 아무 힘이 없다.
반복해서 품는 생각이 현실을 바꾼다.**

오늘의 자기 선언

당신만의 '진동 선언'을 쓰고 말해보자.
하루 종일 머무는 생각이 나의 현실을 결정한다.

예시) 나는 이미 충분히 풍요롭다. 나는 부를 끌어당기는 사람이다.

DAY 011

**외부 세계의 혼란을 탓하지 마라.
세상을 바꾸고 싶다면, 먼저 너 자신을 다스려라.**

___마르쿠스 아우렐리우스Marcus Aurelius

삶은 언제나 예기치 못한 변수로 나를 흔든다.

그러나 그때마다 세상을 탓한다면

나는 결국 상황의 노예가 된다.

진짜 부자는 세상을 다스리는 사람이 아니라

자기 마음을 다스리는 사람이다.

마음이 평온하면 혼란 속에서도 길을 본다.

마음이 흔들리면 눈앞의 기회조차 흘려보낸다.

외부를 바꾸는 가장 빠른 길은 나를 먼저 다스리는 것이다.

내 안의 질서를 세우고 중심을 단단히 할 때

세상은 그 진동에 맞춰 변하기 시작한다.

오늘, 세상의 소음보다 내면의 목소리에 귀 기울여라.

평온한 마음이야말로 부와 기회를 끌어당기는 진짜 힘이다.

마음이 평온하면 혼란 속에서도 길을 본다.
마음이 흔들리면 눈앞의 기회조차 흘려보낸다.

오늘의 자기 선언

당신만의 '중심 선언'을 쓰고 말해보자.
내면이 흔들리지 않을 때, 세상은 내게 맞춰 흐른다.

예시) 나는 어떤 상황에서도 내 마음의 중심을 지킨다.

DAY 012

**부자가 되는 첫 번째 단계는 그것을 강하게 원하는 것이다.
당신이 무엇을 간절히 원하고 믿는다면,
그것은 현실이 될 것이다.**

—— 나폴레온 힐Napoleon Hill

명확한 목표 없이 성공한 사람은 단 한 명도 없다.

막연한 바람은 바람결에 흩어지지만

명확한 열망은 현실을 움직인다.

"돈이 많았으면 좋겠다"는 바람은 아무 힘이 없다.

그러나 "나는 3년 안에 월 소득 1억을 만든다"는 선언은 우주의 문을 연다.

잠재의식은 선명한 이미지를 인식하고,

그 진동에 맞춰 모든 상황을 재배열한다.

어제까지는 내 눈에 보이지 않던 것들이

마치 확대경을 댄 듯 선명하게 들어오기 시작한다.

우리는 눈으로 보는 것이 아니라

결국 마음으로 보기 때문이다.

오늘, 당신이 진짜 원하는 부의 모습을 마음속에 그리고, 종이에 적어라.

그것이 바로 부를 향한 첫 번째 신호다.

**명확한 목표 없이 성공한 사람은 단 한 명도 없다.
막연한 바람은 바람결에 흩어지지만,
명확한 열망은 현실을 움직인다.**

오늘의 자기 선언

당신만의 '목표 선언'을 쓰고 말해보자.
선명한 목표가 있을 때, 부는 나를 향해 움직인다.

예시) 나는 내가 원하는 부의 모습을 명확히 그린다.

DAY 013

**당신이 상상 속에서 지속적으로 느끼는 것이 현실이 된다.
당신의 마음속에서 부유한 삶을 살고 있다고 믿으면,
현실도 그렇게 변할 것이다.**

———네빌 고다드 Neville Goddard

상상은 단순한 꿈꾸기가 아니다.

그것은 미래의 현실을 미리 살아보는 연습이다.

눈을 감고 원하는 삶을 생생히 떠올려라.

햇살 가득한 집에서 미소 짓는 나,

내가 좋아하는 차를 타고 자유롭게 여행하는 나.

그리고 이렇게 선언하라. "이건 이미 내 현실이야."

이것은 공상이 아니다. 잠재의식에 '나는 이미 풍요 속에 있다'라는

새로운 믿음의 씨앗을 심는 행위다.

하루 5분이라도 그 장면 속에 머물러라.

감정이 실린 상상은 우주를 움직이는 살아 있는 주문이다.

그 진동이 현실과 맞닿는 순간, 세상은 움직이기 시작한다.

기억하라. 상상은 미래를 기다리는 게 아니라

미래를 지금 여기로 끌어오는 일이다.

**상상은 미래를 기다리는 게 아니라,
미래를 지금 여기로 끌어오는 일이다.**

오늘의 자기 선언

당신만의 '상상 선언'을 쓰고 말해보자.
마음속에서 살아본 현실이 마침내 나의 현실이 된다.

예시) 이건 이미 내 현실이야!

DAY 014

당신이 무의식적으로 반복하는 생각이 현실을 창조한다.
잠재의식에 부와 성공을 심어라.
그러면 그것이 당신의 삶에 나타날 것이다.

——조셉 머피 Joseph Murphy

당신은 깨어 있을 때뿐 아니라
잠을 자는 동안에도 목표를 이룰 수 있다.
왜냐하면 잠재의식은 단 한순간도 쉬지 않기 때문이다.
24시간 대기하며 어떤 소원이든 들어주려는 만능기계를 내 안에 장착하고도
그 활용법을 몰라 방치하고 있는 사람이 대부분이다.
그래서 안타깝게도 스스로 부자로 태어났다는 사실조차 모른 채
결핍의 현실에 갇혀 살아간다.
"나는 부족해"를 반복하는 사람은 결핍의 현실을 만들고,
"나는 이미 풍요롭다"를 반복하는 사람은 그 진동에 맞는 부를 끌어온다.
오늘 밤, 잠들기 전 마음속에 선언하라.
'나는 이미 풍요롭다. 내 인생은 날마다 더 좋아지고 있다.'
그 믿음이 깊어질수록
잠재의식은 부의 시나리오를 현실로 써 내려갈 것이다.
당신은 잠든 동안에도 부자가 되고 있다.

나는 깨어 있을 때뿐 아니라, 잠을 자는 동안에도
목표를 이룰 수 있다.
왜냐하면 나의 잠재의식은 단 한순간도 쉬지 않기 때문이다.

오늘의 자기 선언

당신만의 '잠재의식 선언'을 쓰고 말해보자.
잠재의식은 나를 위해 24시간 작동하고 있다.

예시) 나는 이미 풍요롭다. 내 인생은 날마다 더 좋아지고 있다.

DAY 015

감사하는 자에게 우주는 더 많은 것을 준다.
만족하는 마음이 더 큰 풍요를 불러온다.

——《우파니샤드Upanisad》

감사는 부를 끌어당기는 자석이다.

대다수의 사람은 "원하는 것이 이루어지면 감사하겠다"고 말한다.

그러나 진짜 부자는 그 반대로 산다.

감사를 먼저 선택하고, 그 감사가 더 큰 풍요를 불러오게 한다.

감사는 단순한 말이 아니다. 우주에 보내는 풍요의 신호다.

"나는 이미 충분하다. 나는 이미 축복받았다." 이 파동이 발산되는 순간,

우주는 그 진동에 맞춰 더 많은 기회와 부, 평화를 보내준다.

새 집을 원한다면, 지금의 집에 감사하라.

더 많은 돈을 원한다면, 오늘 지갑 속 돈에게 감사하라.

감사는 부족함을 채우는 주문이 아니라, 이미 넘치는 풍요를 깨닫는 선언이다.

오늘 하루, 단 한 가지라도 좋다.

"참 고맙다." 이 한마디를 마음 깊이 느낄 때

당신의 삶은 이미 부의 주파수로 전환된다.

**새 집을 원한다면, 지금의 집에 감사하자.
더 많은 돈을 원한다면, 오늘 내 지갑 속 돈에게 감사하자.**

오늘의 자기 선언

당신만의 '감사 선언'을 쓰고 말해보자.
감사는 부를 끌어당기는 자석이다.

예시) 나는 오늘, 모든 것에 감사한다.

DAY 016

**군자는 의義를 따르고, 도道를 따라 부를 구한다.
덕德을 갖춘 사람에게는 신뢰가 모이고,
그 신뢰가 부로 이어진다.**

—— 공자孔子

성공철학의 대가, 밥 프록터에게 미국 트레이닝에서 직접 들은 말이 잊히지 않는다. "좋은 사람이 부를 가지면 더 좋은 사람이 되고, 나쁜 사람이 부를 가지면 더 나쁜 사람이 된다." 이 말처럼, 부는 단지 그 사람의 본질을 증폭시키는 에너지일 뿐이다. 내 안에 선한 의도와 사랑이 있다면, 부는 그 빛을 더 멀리 퍼뜨린다. 하지만 불안과 탐욕이 섞여 있다면, 부는 결국 나를 삼켜버린다.

진짜 부자는 돈을 좇는 사람이 아니라, 자신의 내면을 갈고닦는 사람이다. 책을 읽고, 자신을 성장시키고, 받는 것보다 더 많이 나누려는 사람에게 우주는 '더 큰 흐름'을 맡긴다. 탐욕으로 얻은 돈은 바람에 흩어지지만, 덕으로 쌓은 부는 세대를 넘어 흘러간다. 그 부는 단순한 소유가 아니라, 세상을 이롭게 하는 선한 순환을 만들어낸다. 오늘, 스스로에게 물어라.

"나는 어떤 에너지로 부를 끌어오고 있는가?"

진정한 풍요는 '무엇을 가졌는가'가 아니라 '어떤 사람이 되었는가'에서 시작된다. 덕을 세우는 자에게, 부는 반드시 따라온다.

**진정한 풍요는 '무엇을 가졌는가'가 아니라
'어떤 사람이 되었는가'에서 시작된다.**

오늘의 자기 선언

**당신만의 '선한 부자 선언'을 쓰고 말해보자.
선한 마음이 부를 더 크게 흐르게 한다.**

예시) 나는 선한 에너지로 부를 창조하는 사람이다.

DAY 017

**부귀가 나를 타락시키지 못하고, 가난과 천함이
나를 흔들지 못하며, 위협과 폭력이 나를 굴복시키지 못한다.
이것이 바로 진정한 대장부다.**

——맹자

진짜 부자는 외부 조건에 흔들리지 않는다.

돈이 많다고 교만하지 않고, 어렵다고 품격을 잃지 않는다.

맹자는 어떤 상황에서도 자신만의 중심을 지키는 마음이야말로

진정한 강함이라고 말했다.

돈은 흘러왔다가 흘러나갈 수 있다.

그러나 마음의 품격과 태도는 평생을 지탱하는 보이지 않는 자산이다.

세상이 나를 흔들어도, 나는 내 중심에서 다시 일어선다.

외부 조건에 따라 행복이 바뀌는 사람은 결코 부를 오래 지킬 수 없다.

당신의 가치는 세상의 평가로 측정되지 않는다.

그 어떤 환경에서도 자신을 믿고, 자신을 지키는 사람,

그가 끝내 부를 다스리는 사람이다.

흔들림 없는 마음이야말로 세월이 흘러도 사라지지 않는 영원한 자산이다.

그 마음이 단단할수록, 세상은 더 큰 부로 당신에게 응답할 것이다.

나의 가치는 세상의 평가로 측정되지 않는다.
그 어떤 환경 속에서도 나를 믿고 스스로를 지키는 사람,
그가 끝내 부를 다스리는 사람이다.

오늘의 자기 선언

당신만의 '흔들림 없는 선언'을 쓰고 말해보자.
흔들리지 않는 마음이 오래도록 부를 지킨다.

예시) 나는 어떤 상황에서도 중심을 잃지 않는 사람이다.

DAY 018

**마음의 파도가 잦아들 때, 비로소 존재의 중심이 드러난다.
그 고요 속에서, 삶은 본연의 충만함으로 흐르기 시작한다.**

——《요가 수트라 Yoga Sutra》

진짜 부는 소음 속이 아니라, 고요 속에서 자란다. 《요가 수트라》는 말한다.

마음이 잔잔해질 때, 모든 게 제자리를 찾는다고. 마음이 요동치면 욕망과

두려움이 방향을 흐리고, 그 혼란 속에서 나는 기회를 놓친다.

그러나 마음이 고요해지면, 흐릿하던 길이 한순간에 선명해진다.

고요는 단순한 정적이 아니다.

그것은 부를 끌어오는 가장 집중된 에너지 상태다.

고요 속에서는 불필요한 소음이 사라지고, 진짜 중요한 것만 남는다.

숨을 깊게 들이마시고, 길게 내쉬어라.

내 안에서 파도처럼 일렁이던 생각이 잦아들고,

고요한 호수처럼 잔잔해질 것이다.

그 고요가 부를 불러온다.

오늘 스스로에게 물어라.

"나는 지금 소음 속에 사는가, 고요 속에 사는가?"

마음이 평온할 때, 당신은 더 강하고, 더 빠르고, 더 멀리 나아갈 수 있다.

**마음이 평온할 때,
나는 더 강하고, 더 빠르고, 더 멀리 나아갈 수 있다.**

오늘의 자기 선언

당신만의 '고요 선언'을 쓰고 말해보자.
고요한 마음이 부의 문을 연다.

예시) 나는 고요함 속에서 부를 끌어당기는 사람이다.

DAY 019

**외부의 것에 흔들려 기뻐하지 않고,
자기 자신의 처지로 인해 슬퍼하지 않는다.**

——범중엄 范仲淹

중국 송나라를 대표하는 사상가이자 천하의 현인으로 칭송받은 범중엄,

그는 흔들림 없는 마음이야말로 진정한 자유라고 표현했다.

돈이 많아도, 명예를 얻어도, 마음이 흔들리면 그것은 부가 아니다.

반대로 아무것도 없어도 평온하다면, 그는 이미 부자다.

외부의 조건에 따라 기뻐하거나 슬퍼한다면

나는 파도 위 종이배처럼 흔들릴 수밖에 없다.

진짜 부는 얼마나 가졌는가가 아니라,

무엇에도 휘둘리지 않는 마음의 주인이 되는 데서 시작한다.

자유로운 마음은 나를 노예가 아니라 세상의 주인으로 세우고,

그 에너지가 더 큰 부를 불러온다.

오늘 하루, 외부 상황이 아니라 내 마음의 선택으로 기뻐하라.

그 순간, 당신은 이미 부를 가진 사람이다.

그리고 그 부는 시간이 갈수록 더 커지고,

당신의 현실 속으로 자연스럽게 흘러들어올 것이다.

진짜 부는 얼마나 가졌는가가 아니라,
무엇에도 휘둘리지 않는 마음의 주인이 되는 데서 시작한다.

오늘의 자기 선언

당신만의 '자유 선언'을 쓰고 말해보자.
흔들림 없는 마음이 부를 부른다.

예시) 나는 어떤 상황에서도 평온하다.

DAY 020

돈은 사람을 좇지 않지만, 사람은 돈을 좇는다.
그러나 진정한 부자는 돈이 자신을 따라오게 한다.

——임상옥 林尙沃

조선 최고의 거상 임상옥은 말했다.

진짜 부자는 돈을 좇는 사람이 아니라,

돈이 먼저 찾아오게 하는 사람이라고.

그 비결은 단순하다. 돈이 머물 수밖에 없는 가치와 신뢰를 만드는 것이다.

가치 있는 사람 곁에는 사람이 모이고, 사람이 모이면 기회가 흐르며,

기회가 있는 곳으로 돈은 자연스럽게 흘러든다.

잠깐의 이익을 좇는 사람에게 돈은 바람처럼 스쳐가지만,

진심과 신뢰로 가치를 쌓는 사람에게 돈은 평생 머무는 친구가 된다.

오늘 스스로에게 물어라.

"나는 세상에 어떤 가치를 주고 있는가?"

그 답을 행동으로 옮기는 순간,

돈은 더 이상 내가 좇아야 할 대상이 아니다.

그 작은 실천이 결국 행복한 나비효과가 되어,

돈이 기쁜 마음으로 당신을 향해 달려올 것이다.

**진짜 부자는 돈을 좇는 사람이 아니라,
돈이 먼저 찾아오게 하는 사람이다.**

오늘의 자기 선언

당신만의 '가치 선언'을 쓰고 말해보자.
돈이 따라오는 사람은 가치를 만드는 사람이다.

예시) 나는 돈이 사랑하는 사람이다. 사방에서 돈이 나를 따른다.

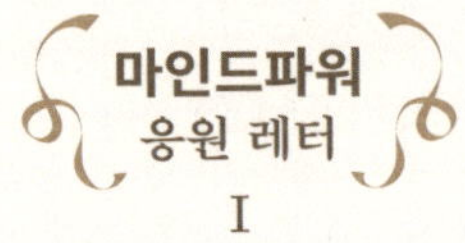

잠든 마음의 부를 깨워낸 당신에게

매일 나 자신을 위해 필사하며 마음의 풍요를 키워낸 당신,
진심으로 축하드립니다.
20일간의 여정, 정말 잘 해내셨습니다!
스스로를 위해 묵묵히 해낸 자신을 오늘만큼은 마음껏 칭찬해 주세요.
여기까지 오신 당신은 이미 상위 5% 안에 든 특별한 사람입니다.

처음 이 여정을 시작할 때
혹시 '부'는 통장의 숫자라고만 생각하지 않으셨나요?
그러나 이제는 아실 겁니다.
진짜 부는 마음에서 시작된다는 것을요.
그동안 마음을 짓누르던 걱정과 불안이
'감사'와 '충만함'이라는 새로운 파동을 만나 조용히 녹아내리고,
평온으로 바뀌는 순간을 경험하셨을 것입니다.

기억하세요.

당신이 가진 모든 것의 시작점은 바로 당신의 마음입니다.

당신은 이미 충분하고, 이미 풍요로운 사람입니다.

누군가의 하루를 밝혀주는 빛이자,

값으로 환산할 수 없는 진귀한 보석입니다.

이제 당신의 마음은 더 넓고, 더 높은 파동으로

확장할 준비가 되었습니다.

다음 20일은 '감정의 진동'이 현실을 어떻게 바꾸는지를

체험하게 될 시간입니다.

그 여정 속에서 당신은 깨닫게 될 것입니다.

부는 좇는 것이 아니라, 존재의 상태로 살아내는 것임을.

기대하세요.

당신은 지금 진정한 부의 문 앞에 서 있습니다.

이제, 그 문을 열고 더 크고 찬란한 세상으로 나아가세요.

준비되셨습니까?

함께, 끝까지 걸어가 봅시다!

감정은 단순한 기분이 아니라, 현실을 창조하는 에너지다.
내가 머무는 감정이 곧 내가 끌어당기는 삶이다.

2단계는 감정의 파동을 다스리는 훈련이다.
불안, 비교, 무력감 속에서도 감정에 휘둘리지 않고
'의식적으로 감정을 선택하는 힘'을 깨닫게 된다.

감정은 잠재의식의 문을 여는 열쇠다.
감정이 바뀌면 당신의 진동 상태가 달라지고,
진동이 달라지면 현실이 완전히 새로워진다.

이 단계에서는 감정을 억누르지 않고,
그 감정을 인식해 원하는 에너지로 전환하는 법을 배우게 된다.
내면의 평온함을 선택할 때,
세상은 그 진동에 맞춰 반응하기 시작할 것이다.

이제 두 번째 여정이다.
마음을 넘어, 감정의 파동까지 부의 주파수로 맞춰보자.

STEP 2

— DAY 21~40 —

감정을 다스려 현실을 바꾸다

Your Abundant Emotion

DAY 021

◆ 당신의 영혼은 어떤 소리를 내고 있는가? ◆

감정은
영혼을 움직이는 힘이다.

___레오 톨스토이 Leo Tolstoy

톨스토이는 감정을 단순한 기분이 아니라,

영혼을 움직이는 근원의 힘이라고 했다.

우리가 불안, 두려움, 결핍 속에 머물면

그 울림은 탁해지고, 세상은 그 파동을 그대로 반사한다.

하지만 감사와 기쁨, 충만함의 감정에 머물면

그 울림은 맑아지고, 삶은 그 진동에 맞춰 빛나기 시작한다.

삶에서 진짜 풍요를 경험하고 싶은가?

그렇다면 통장 잔고보다 먼저 점검해야 할 것은

지금 내 마음이 어떤 감정의 진동에 머물고 있는가이다.

잠재의식은 우리가 '느끼는 감정'에 즉각 반응한다.

오늘, 당신의 영혼이 내는 소리를 풍요의 파동으로 바꿔라.

그 에너지는 머지않아 나의 현실로 피어날 것이다.

오늘, 당신의 영혼은 어떤 소리를 내고 있는가?

**오늘, 나의 영혼이 내는 소리를 풍요의 파동으로 바꿔라.
그 에너지는 머지않아 나의 현실로 피어날 것이다.**

오늘의 자기 선언

당신만의 '감정 선언'을 쓰고 말해보자.
영혼의 울림이 풍요를 불러온다.

예시) 나의 영혼은 감사와 기쁨으로 울린다.

DAY 022

만족을 아는 자는 늘 즐겁고,
만족을 모르는 자는 늘 근심한다.

——정약용 丁若鏞

다산 정약용은 말한다.

삶의 본질적 자유는 '만족'에서 비롯된다고.

사람은 더 많이 가질 때 행복해지는 것이 아니다.

이미 가진 것에 감사하고 만족할 때,

끝없는 비교와 욕망의 사슬에서 벗어난다.

우리의 불행은 결핍이 아니라, 비교와 끝없는 욕심에서 시작된다.

만족은 체념이 아니라, 마음의 파동을 정화시키는 힘이다.

그 힘이 마음을 고요하게 하고,

지금 가진 것의 가치를 빛나게 한다.

마음이 풍요로우면, 그 에너지가 잠재의식에 새겨져

더 큰 풍요를 끌고 올 것이다.

오늘, 당신은 무엇에 만족하는가?

그 한 가지에 집중할 때,

당신의 내면은 이미 자유롭다.

사람은 더 많이 가질 때 행복해지는 것이 아니다.
이미 가진 것에 감사하고 만족할 때,
끝없는 비교와 욕망의 사슬에서 벗어난다.

오늘의 자기 선언

당신만의 '만족 선언'을 쓰고 말해보자.
만족은 풍요의 시작이다.

예시) 나는 이미 충분하다. 그래서 더 많은 풍요가 따라온다.

DAY 023

감정은 경험을 살아 움직이게 하고,
그것을 삶에 깊이 새기는 힘이다.

＿존 듀이 John Dewey

과거의 사건은 이미 지나갔다.
하지만 그때의 감정은 여전히 마음속에 살아 있다.
우리가 실패나 상처를 떠올릴 때 고통이 되살아나는 이유는
그 감정이 잠재의식 속에 그대로 남아 있기 때문이다.
그러나 희망은 있다. 감정은 언제든 새롭게 해석할 수 있다.
'나는 무너졌다'라고 새기면 결핍이 재생산되지만,
'그 덕분에 내가 강해졌다'라고 다시 새기면
그 경험은 부의 씨앗으로 전환된다.
풍요로운 사람은 실패를 두려워하지 않는다.
그들은 모든 경험을 성장의 자양분으로 바꾼다.
상처조차 자신을 더 크게 확장시키는 에너지로 쓰는 사람, 그가 진짜 부자다.
오늘, 당신의 과거를 다시 바라보라.
그 기억을 새롭게 해석할 때, 잠재의식은 새로운 파동을 받아들이고
당신의 현실은 달라지기 시작할 것이다.

**풍요로운 사람은 실패를 두려워하지 않는다.
그들은 모든 경험을 성장의 자양분으로 바꾼다.**

오늘의 자기 선언

당신만의 '감정 선언'을 쓰고 말해보자.
풍요로운 감정은 과거를 자산으로 만든다.

예시) 나는 어떤 아픔도 부의 씨앗으로 바꾼다.

DAY 024

멈출 줄 아는 이는 위태롭지 않다.
만족을 아는 이는 이미 부유하다.

—노자 老子

끝없이 더 가지려는 욕망은 불안을 낳고,
불안은 마음을 흔들어 앞으로 나아가지 못하게 한다.
그러나 그때 잠시 멈추어 숨을 고르고,
지금 가진 것에 감사하는 순간 내 마음은 고요를 되찾는다.
비움은 억지로 버리는 게 아니다.
불안을 느낄 때마다 스스로에게 말하라.
"지금 이 순간, 나는 이미 충분하다."
이 한마디가 욕심의 파동을 끊고, 내 안을 감사로 물들인다.
감정을 다스린다는 것은 억누르는 것이 아니다.
욕망과 불안이 올라올 때, 그것을 알아채고
곧바로 감사와 만족의 감정으로 전환하는 적극적인 선택이다.
오늘, 잠시 멈추어 나 자신을 돌아보라.
'나는 이미 존재 자체로 충분하다.'
그 고요한 확신 속에서 풍요는 반드시 다가올 것이다.

"지금 이 순간, 나는 이미 충분하다."
이 한마디가 욕심의 파동을 끊고, 내 안을 감사로 물들인다.

오늘의 자기 선언

당신만의 '비움 선언'을 쓰고 말해보자.
멈춤과 감사가 풍요를 부른다.

예시) 나는 이미 존재 자체로 충분하다.

DAY 025

**우리를 괴롭히는 것은 사건이 아니라,
그에 대한 우리의 해석이다.**

___에픽테토스Epictetus

세상에서 일어나는 모든 사건은 본래 중립적이다.

행복도, 불행도 그 자체로 존재하지 않는다.

단지 내가 어떤 해석을 하는가가

그 사건의 의미와 나의 감정을 결정할 뿐이다.

같은 상황 속에서도 누군가는 절망을 보고, 누군가는 기회를 본다.

풍요로운 사람은 같은 상황 속에서도 '배움'과 '성장'을 본다.

내가 바라보던 관점을 달리한 순간부터 감정이 달라지고,

감정이 달라지면 파동이 바뀐다.

그리고 그 파동은 반드시 새로운 현실을 불러온다.

현실을 바꾸는 힘은 언제나 내 해석 안에 있다.

사건은 바꿀 수 없어도, 그 의미는 언제든 내가 새로 쓸 수 있다.

당신은 오늘을 결핍으로 해석할 것인가?

아니면 풍요로 가는 과정으로 새롭게 해석할 것인가?

당신의 해석이 곧 내일의 현실을 만든다.

같은 상황에서도 누군가는 절망을 보고, 누군가는 기회를 본다.
풍요로운 사람은 같은 상황에서도 '배움'과 '성장'을 본다.

오늘의 자기 선언

당신만의 '관점 선언'을 쓰고 말해보자.
해석이 달라지면 현실이 달라진다.

예시) 나는 어떤 사건도 풍요로 가는 과정으로 해석한다.

DAY 026

열등감은 감정을 자극하여
우리를 성취로 이끈다.

___알프레드 아들러 Alfred Adler

아들러는 인간이 성장하는 원동력을 열등감 극복에서 찾았다.

우리가 느끼는 부족함은 멈추라는 신호가 아니다.

그 감정은 더 높이 도약하라는 내면의 외침이다.

열등감은 나를 땅끝으로 끌어내리는 구덩이가 아니라

위로 솟구치게 하는 불씨다.

중요한 건 열등감 그 자체가 아니다.

그 감정을 어떻게 바라보고, 어떻게 사용할 것인가이다.

어떤 이는 부족함 앞에 무너지고,

어떤 이는 그 부족함을 발판 삼아 더 크게 도약한다.

풍요로운 사람은 후자를 선택한다.

열등감이 느껴지는가?

괜찮다. 그건 당신 안에 아직 불타는 가능성이 있다는 증거다.

이제 그 불씨를 붙잡아라. 그리고 결핍을 도약의 발판으로 바꿔라.

그때, 열등감은 더 이상 상처가 아니라 당신을 부로 이끄는 불꽃이 될 것이다.

어떤 이는 부족함 앞에 무너지고,
어떤 이는 그 부족함을 발판 삼아 더 크게 도약한다.
풍요로운 사람은 후자를 선택한다.

오늘의 자기 선언

당신만의 '파워 선언'을 쓰고 말해보자.
열등감은 나를 더 큰 풍요로 이끈다.

예시) 열등감은 나를 위로 솟구치게 하는 불씨다.

DAY 027

무지는 모든 불행의 근원이다.
특히 자신의 감정을 모르는 무지가 가장 위험하다.

___소크라테스Socrates

"너 자신을 알라."

자신이 지금 어디에 있는지 모르면, 그 어떤 곳으로도 나아갈 수 없다.

소크라테스의 이 명언은 성공을 추구하는 모든 이가 가장 먼저 붙잡아야 할

진리다. 가장 위험한 무지는 지식의 부족이 아니라, 자신의 감정을 모르는

무지다. 분노하면서도 왜 화가 났는지 모르고, 불안하면서도 그 근원을 보

지 못한다면 우리는 평생 감정의 파도에 휘둘리며 살아갈 수밖에 없다.

그러나 '아는 순간'부터 자유가 시작된다.

"아, 지금 나는 비교 때문에 불안하구나"라고 자각하는 순간,

그 감정은 힘을 잃는다.

자각은 곧 주도권이다. 내가 주도권을 쥐면 통제할 수 있다.

풍요로운 사람은 감정에 끌려다니지 않는다.

그는 감정을 바라보고, 자신이 가야 할 방향을 스스로 정한다.

오늘, 당신의 감정을 직면하라. 그 깨달음의 순간,

불행은 힘을 잃고 당신의 삶은 풍요의 문으로 향하게 될 것이다.

풍요로운 사람은 감정에 끌려다니지 않는다.
그는 감정을 바라보고, 자신이 가야 할 방향을 스스로 정한다.

오늘의 자기 선언

당신만의 '자각 선언'을 쓰고 말해보자.
스스로를 아는 힘이 풍요를 연다.

예시) 나는 내 감정을 다스리고 풍요를 선택하는 사람이다.

DAY 028

분노에는 해독제가 없다.
분노를 다스리는 법을 배우는 것만이 우리를 구원한다.

——플루타르코스Plutarch

분노와 좌절은

내가 앞으로 나아가지 못하게 하는 가장 큰 장애물이다.

억누르면 병이 되고, 터뜨리면 관계가 무너진다.

하지만 풍요로운 사람은 분노를 두려워하지 않는다.

그는 분노를 억제하지 않고,

그 감정을 똑바로 마주한다.

그 순간, 분노는 파괴의 불길이 아니라

앞으로 나아가게 하는 추진력이 된다.

분노는 당신을 넘어뜨리는 적이 아니라,

당신을 끌어올리는 연료가 될 수 있다.

오늘, 당신은 분노에 휘둘릴 것인가?

아니면 그 불길을 다스려

당신의 에너지를 풍요의 불꽃으로 바꿀 것인가?

풍요로운 사람은 분노를 두려워하지 않는다.
그는 분노를 억제하지 않고, 그 감정을 똑바로 마주한다.

오늘의 자기 선언

당신만의 '다스림 선언'을 쓰고 말해보자.
분노를 다스리는 힘이 풍요를 부른다.

예시) 나는 분노를 다스려 더 큰 풍요로 나아간다.

DAY 029

인간은 어떤 상황에서도
자신의 태도를 선택할 수 있는 자유가 있다.
희망을 잃지 않는 것 역시 우리의 선택이다.

— 빅터 프랭클Viktor Frankl

세상이 내 모든 것을 빼앗고, 나에게 최악의 세상을 주었더라도
그러나 끝내 빼앗을 수 없는 단 하나가 있다.
그것은 바로 그 상황을 어떻게 받아들일 것인가에 대한 내 선택권이다.
빅터 프랭클은 아우슈비츠 수용소에서 매일 죽음을 목격했다.
그러나 그는 같은 상황 속에서도, 어떤 이는 절망 속에 무너지고,
어떤 이는 '끝까지 희망한다'는 태도로 삶을 이어갔다.
지리멸렬한 어제와 별반 다를 게 없는 오늘일지라도
어떤 의미를 부여하는가에 따라 결과는 달라질 수 있다.
상황을 어떻게 받아들일지에 대한 선택권, 그것은 대단히 중요하다.
세계 위기든, 전쟁이든, 이미 일어난 일은 내가 바꿀 수 없다.
그러나 그것을 어떻게 받아들일지는 오직 내 선택이다.
그 선택이 내 감정을 바꾸고, 그 감정이 내 현실을 바꾼다.
오늘, 당신은 어떤 태도를 선택할 것인가?

**지리멸렬한 어제와 별반 다를 게 없는 오늘일지라도
어떤 의미를 부여하는가에 따라 그 결과는 달라질 수 있다.**

오늘의 자기 선언

당신만의 '반전 선언'을 쓰고 말해보자.
감정을 선택하는 순간, 현실은 바뀐다.

예시) 나는 어떤 상황에서도 희망을 선택한다.

DAY 030

행복은 감정의 문제가 아니라 의지의 문제다.
행복해지기로 결심하고 그 결심을 지키는 것이다.

―― 카를 힐티Carl Hilty

사람들은 흔히 말한다.

"돈이 많아지면 행복할 거야." "일이 잘 풀리면 행복할 거야."

그러나 인생에는 늘 문제와 변수가 따라온다.

조건이 모두 맞아야 행복해진다는 것은, 평생 행복을 미루겠다는 말과 같다.

행복은 '조건'이 아니라 '결심'이다.

'나는 지금 행복하겠다'라고 마음먹어야 에너지가 전환된다.

자꾸 따진다고 행복해지지 않는다.

선택해야 행복해진다.

풍요로운 사람은 외부 상황이 아니라, 내적 결심으로 행복을 만든다.

행복을 결심하는 순간, 잠재의식은 풍요의 파동으로 바뀐다.

행복한 파동은 더 많은 기쁨과 부를 불러온다.

지금 행복해지고 싶은가?

그렇다면 지금 이 순간, 행복하기로 결심하라.

**행복은 '조건'이 아니라 '결심'이다.
풍요로운 사람은 행복하기로 결심한다.**

오늘의 자기 선언

**당신만의 '행복 선언'을 쓰고 말해보자.
결심한 행복이 풍요를 부른다.**

예시) 나는 오늘도 행복하기로 결심한다.

DAY 031

**우리가 감정의 힘을 제대로 인식하고
다루는 법을 배울 때,
우리는 온전한 인간이 될 수 있다.**

———칼 구스타프 융Carl Gustav Jung

성공한 사람이 되려면 늘 밝고 긍정적이어야 한다는
압박감을 느끼는 이들이 있다.

그러나 슬픔, 분노, 질투 같은 감정을 '나쁘다'고 여기며 억누른다면,

그 감정은 사라지지 않는다. 언젠가 반드시 폭발하고 만다.

풍요로운 사람은 감정을 숨기지 않는다.

그 감정을 꿰뚫어보고, 그 안에 숨은 메시지를 읽는다.

"나는 지금 불안하다." "나는 지금 질투하고 있다."

이렇게 정직하게 인정할 때,

감정은 더 이상 나를 집어삼키지 못한다.

감정은 억압할 대상이 아니라, 당신을 성장시키는 에너지다.

그 힘을 마주하고 통합할 때, 당신은 더 단단해지고, 더 자유로워진다.

오늘, 감정을 숨길 것인가?

아니면 용기 있게 마주하고, 그 에너지를 풍요의 진동으로 바꿀 것인가?

감정은 더 이상 나를 집어삼키지 못한다.
감정은 억압할 대상이 아니라, 나를 성장시키는 에너지다.

오늘의 자기 선언

당신만의 '주도권 선언'을 쓰고 말해보자.
감정을 다스리는 힘이 풍요를 부른다.

예시) 나는 내 감정을 정직하게 마주하고, 풍요로 전환한다.

DAY 032

**두려움은 환상일 뿐이다.
지금 이 감정에 집중하라.**

＿＿프리츠 펄스 Fritz Perls

◆

두려움은 진짜가 아니다.

아직 일어나지 않은 일을 상상으로 부풀린 '마음의 그림자'일 뿐이다.

날 멈추게 하는 건 현실이 아니라, 그 현실을 왜곡해서 바라보는 마음이다.

풍요로운 사람은 두려움 앞에서 숨을 멈추지 않는다.

그 감정을 밀어내지 않고 껴안아, 삶을 움직이는 추진력으로 바꾼다.

마음이 만든 안전지대에서 벗어나라.

그 너머에는 당신이 한 번도 경험하지 못한 세계가 기다리고 있다.

그때 찾아오는 두려움은 당신을 막는 적이 아니다.

그것은 당신이 새로운 도약 앞에 서 있다는 신호다.

숨을 깊게 들이마시라.

그 순간 두려움은 사라지고,

흥분과 생명의 에너지가 당신 안을 가득 채울 것이다.

오늘, 당신은 두려움에 멈출 것인가?

아니면 두려움을 껴안아 짜릿한 성장의 무대로 나아갈 것인가?

두려움은 나를 막는 적이 아니다.
그것은 내가 새로운 도약 앞에 서 있다는 신호다.

오늘의 자기 선언

당신만의 '용기 선언'을 쓰고 말해보자.
두려움을 직면하는 순간, 풍요가 시작된다.

예시) 나는 두려움을 껴안고, 더 큰 도약을 선택한다.

DAY 033

감정은 결과가 아니라 원인이다.
감정은 당신의 진동 상태를 반영한다.

——밥 프록터 Bob Proctor

사람들은 흔히 감정을 단순한 반응이라고 여긴다.
"일이 잘 풀리면 기쁘고, 안 풀리면 우울하다"라고.
그러나 이것은 완전히 잘못된 믿음이다.
감정은 반응이 아니라 원인이다.
내가 품은 감정이 곧 파동이 되고,
그 파동이 현실을 끌어온다.
풍요로운 감정을 품으면 풍요가 다가오고,
결핍의 감정을 품으면 결핍이 현실이 된다.
풍요로운 사람은 감정을 결과로 여기지 않는다.
감정을 원인으로 삼아, 먼저 풍요의 진동을 만든다.
오늘, 당신은 어떤 감정을 내보내고 있는가?
그 감정이 바로 당신의 내일을,
그리고 당신의 풍요를 결정할 것이다.

**풍요로운 감정을 품으면 풍요가 다가오고,
결핍의 감정을 품으면 결핍이 현실이 된다.**

오늘의 자기 선언

**당신만의 '진동 선언'을 쓰고 말해보자.
풍요로운 감정이 풍요로운 현실을 앞당긴다.**

예시) 이건 이미 내 현실이야!

DAY 034

**마음이 즐거우면
봄 기운이 세상에 가득하다.**

＿＿맹자孟子

◆

맹자는 마음의 상태가 곧 세상에 드러난다고 했다.

즐거운 마음은 봄 기운처럼 만물을 소생시킨다.

기분이 무거우면 세상이 늘 어둡다.

그러나 내가 기쁨을 선택하는 순간, 내 세상은 즉시 밝아진다.

풍요는 결코 바깥에서 오는 것이 아니다.

내 안에서 피어나는 기쁨이 세상을 바꾸는 시작이다.

즐거운 마음은 단순한 기분이 아니다.

그것은 세상을 새롭게 바라보게 하는 내면의 빛이자,

풍요의 문을 여는 열쇠다.

마음이 밝으면 관계가 풀리고, 일이 열리고, 기회가 다가온다.

즐거움은 단순한 감정이 아니라, 부와 성공을 끌어당기는 강력한 에너지다.

오늘, 당신의 마음을 봄으로 바꿔라.

세상이 당신을 향해 꽃피우기 시작할 것이다.

즐거운 마음은 단순한 기분이 아니다.
그것은 세상을 새롭게 바라보게 하는 내면의 빛이자,
풍요의 문을 여는 열쇠다.

오늘의 자기 선언

당신만의 '봄 선언'을 쓰고 말해보자.
내 기쁨이 세상을 봄으로 만든다.

예시) 나는 즐거운 마음으로 세상을 꽃피운다.

DAY 035

◆ 감사는 모든 풍요의 토대다 ◆

이미 가진 것에 감사하는 순간,
모든 풍요의 토대가 마련된다.

——에크하르트 톨레 *Eckhart Tolle*

사람들은 언제나 부족한 것에 시선을 둔다.

"조금만 더 있으면 행복하겠다."

그러나 풍요는 결핍을 채우는 데서 오지 않는다.

풍요는 '이미 가진 것'을 감사하는 순간 시작된다.

감사는 단순한 미덕이 아니라,

풍요의 문을 여는 초특급 에너지다.

감사하는 순간, 마음은 부족이 아니라 충만에 머문다.

그 충만한 파동이 더 큰 풍요를 불러온다.

풍요로운 사람은 감사할 이유를 '찾는 사람'이 아니다.

그들은 매 순간 감사할 이유를 '만드는 사람'이다.

오늘, 지금 가진 것들을 떠올려라.

평범한 하루 안에도 이미 수많은 기적이 있다.

그것을 보는 눈이 깨어날 때,

당신의 삶은 이미 풍요 위에 서 있다.

**풍요로운 사람은 감사할 이유를 '찾는 사람'이 아니다.
그들은 매 순간 감사할 이유를 '만드는 사람'이다.**

오늘의 자기 선언

**당신만의 '감사 선언'을 쓰고 말해보자.
감사는 더 큰 풍요를 끌어당긴다.**

예시) 나는 이미 가진 것에 감사하며, 더 큰 풍요를 부른다.

DAY 036

잠재의식은
감정이 실린 생각에 반응한다.

—— 조셉 머피 Joseph Murphy

생각만으로는 잠재의식이 움직이지 않는다.

머릿속의 건조한 말은 공허한 메아리일 뿐이다.

그러나 그 말에 뜨거운 감정을 실을 때,

잠재의식은 비로소 강력하게 깨어난다.

"나는 언젠가 부자가 될 거야." 이 말은 힘이 없다.

하지만 "나는 이미 부자다!"라고 온몸으로 외칠 때,

이 말은 불길처럼 잠재의식 속으로 파고든다.

원하는 것이 있다면 큰 소리로, 감정과 확신을 실어 반복하라.

무미건조한 반복은 의미가 없다.

나의 심장이 뛰고, 온몸이 전율할 때 잠재의식은 반응한다.

그 강렬한 확신이 현실을 앞당긴다.

풍요로운 사람은 언제나 감정을 불씨로 삼아 잠재의식을 움직인다.

오늘 나의 말에는 불이 붙어 있는가?

아니면 힘없이 흩어지고 있는가?

무미건조한 반복은 의미가 없다.
나의 심장이 뛰고, 온몸이 전율할 때 잠재의식은 반응한다.

오늘의 자기 선언

당신만의 '불씨 선언'을 쓰고 말해보자.
감정을 실은 확신이 풍요를 현실로 만든다.

예시) 나는 이미 부자다!

DAY 037

희喜는 기를 흐르게 하고,
노怒는 기를 막는다.

———허준許浚

기氣는 생명의 에너지다. 이 에너지는 나의 감정과 직결된다.

기쁨은 막힌 것을 뚫어주고, 에너지가 자유롭게 흐르게 한다.

반면 분노는 에너지를 거꾸로 흐르게 하여

몸과 마음, 그리고 운의 흐름까지 병들게 한다.

풍요로운 사람은 이 흐름의 법칙을 안다.

기쁨은 더 큰 기쁨을 부르고, 분노는 더 큰 불행을 끌어당긴다.

내 안의 에너지가 막히면, 외부로부터 들어올 축복의 통로까지 차단한다.

그러나 내가 의식적으로 기쁨을 선택할 때,

삶의 강물은 다시 흐르기 시작한다.

기쁨은 단순한 감정이 아니다.

그것은 운의 흐름을 되살리는 생명력이다.

오늘, 기쁨을 선택하라.

그 한순간의 선택이 나의 몸을 살리고, 관계를 살리고,

부의 흐름을 다시 움직이게 할 것이다.

기쁨은 더 큰 기쁨을 부르고, 분노는 더 큰 불행을 끌어당긴다.
내 안의 에너지가 막히면,
외부로부터 들어올 축복의 통로까지 차단한다.

오늘의 자기 선언

당신만의 '기쁨 선언'을 쓰고 말해보자.
기쁨을 선택하는 순간, 풍요가 흐른다.

예시) 나는 오늘 기쁨을 선택한다.

DAY 038

당신의 감정은
신념을 측정하는 열쇠다.

———나폴레온 힐Napoleon Hill

진짜 믿음은 애써 만들어내는 것이 아니다.

마음 깊은 곳에서 '이미 이루어졌음'을 아는 고요한 확신이다.

믿음을 넘어선 신념의 단계에서는 조급함이 사라진다.

이미 결과를 알고 있기 때문에, 불안해할 이유도 없다.

의지만으로 밀어붙이지 않아도 된다.

그저 순수한 아이처럼 무작정 믿는 것이다.

부자들은 자신이 부자가 될 것이라고 애써 '믿는' 게 아니라,

이미 그렇게 '되어 있음'을 안다. 사업이 흔들려도, 매출이 떨어져도

마음 한가운데에는 흔들리지 않는 확신이 있다.

확신은 소리 없는 에너지다.

그 평온함이 잠재의식을 움직이고, 잠재의식이 현실을 이끈다.

진짜 믿음은 조용하고, 단단하다.

오늘, 당신은 진짜 믿음을 갖고 있는가?

아니면 여전히 '되면 좋겠다'는 희망에만 머물러 있는가?

**부자들은 자신이 부자가 될 것이라고 애써 '믿는' 게 아니라,
이미 그렇게 '되어 있음'을 안다.**

오늘의 자기 선언

당신만의 '믿음 선언'을 쓰고 말해보자.
흔들리지 않는 감정이 내 확신을 증명한다.

예시) 나는 이미 이루어졌음을 안다.

DAY 039

가장 큰 부는 바람결에도
흔들리지 않는 평온한 마음이다.

___장자莊子

재물은 사라질 수 있고, 명예는 언제든 무너질 수 있다.

그러나 마음의 평온은 누구도 빼앗을 수 없는 진짜 자산이다.

외부의 세상이 요동칠수록, 내면의 고요함은 더 큰 힘을 발휘한다.

풍요로운 사람은 소음 속에서도 중심을 잃지 않는다.

그 평온 속에서 흐름을 읽고, 기회를 알아본다.

진정한 부자는 돈을 모은 사람이 아니라,

마음을 다스려 평온을 지켜낸 사람이다.

평온은 단순한 상태가 아니라,

세상 모든 풍요를 끌어당기는 근원의 진동이다.

오늘, 당신의 마음은 어디에 머물고 있는가?

바깥의 소음인가, 아니면 내면의 고요인가?

당신이 평온을 선택할 때

부는 이미 당신의 곁에 머물고 있다.

**진정한 부자는 돈을 모은 사람이 아니라
마음을 다스려 평온을 지켜낸 사람이다.**

오늘의 자기 선언

당신만의 '평온 선언'을 쓰고 말해보자.
흔들림 없는 마음이 모든 부를 부른다.

예시) 나는 어떤 상황에서도 평온을 선택한다.

DAY 040

일어나 감사하자.
오늘 많은 것을 배우지 못했더라도,
조금은 배웠기 때문이다.

——붓다Buddha

감사는 언제나 풍요의 시작점이다.

크고 놀라운 일이 없어도, 작은 배움과 미소 하나에 진심으로 감사할 때

그 마음이 축복의 진동이 되어 더 큰 풍요를 끌어온다.

풍요로운 사람은 감사할 '이유'를 기다리지 않는다.

스스로 감사할 '의미'를 찾아낸다.

숨 쉴 수 있음에, 누군가 곁에 있음에,

오늘 하루를 살아가고 있음에 감사한다.

감사는 단순한 덕목이 아니다.

그것은 우주의 창조 에너지와 진동을 맞추는 행위다.

감사할 줄 아는 마음에 우주는 반드시 응답한다.

감사는 축복을 불러오는 자석이다.

오늘, 당신은 어떤 감사로 하루를 채울 것인가?

작은 것 하나에도 진심으로 감사할 때

당신의 삶에는 더 크고, 더 빠른 축복이 흘러들어올 것이다.

감사할 줄 아는 마음에 우주는 반드시 응답한다.
감사는 축복을 끌어당기는 자석이다.

오늘의 자기 선언

당신만의 '감사 선언'을 쓰고 말해보자.
감사는 축복을 끌어당기는 자석이다.

예시) 나는 지금, 감사로 풍요를 끌어당긴다.

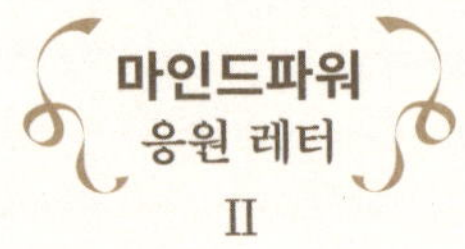

감정을 다스리기 시작한 당신에게

매일 나 자신을 위해 필사하며 감정의 주인이 된 당신,
진심으로 축하드립니다.
2단계까지 40일간의 여정, 정말 잘 해내셨습니다!
이 여정을 통해 당신은 감정의 파도를 두려워하지 않고,
그 물결 위에서 균형 잡는 법을 배웠습니다.

감정은 단순한 기분이 아닙니다.
감정은 당신의 진동이고, 당신이 끌어당기는 현실의 신호입니다.
잠재의식의 문을 여는 열쇠 또한 바로 이 감정입니다.
그리고 지난 20일 동안,
당신은 그 열쇠를 손에 쥔 사람이 되었습니다.

불안이 올 때도 괜찮습니다.
비교하는 마음이 올라와도 괜찮습니다.
중요한 것은 그 순간을 알아차리는 힘입니다.
그 순간, 내가 선택한 감정으로 돌아올 수 있다면

당신은 이미 감정의 주인이며, 풍요의 길 위에 서 있는 것입니다.

기억하세요.
풍요로운 사람은 결코 감정의 노예로 살지 않습니다.
그들은 감정의 주파수를 자각하고,
스스로 선택하며, 자신의 현실을 창조합니다.

이제 당신은 더 넓고, 더 높은 파동으로 확장할 준비가 되었습니다.
다음 20일은 기적을 불러오는 신념의 상태,
흔들리지 않는 믿음의 힘을 직접 경험하게 될 시간입니다.

기대하세요.
당신은 할 수 있습니다.
왜냐하면 당신은 이미 달라졌으니까요.

준비되셨습니까?
이제, 3단계로 나아가는 새로운 20일간의 여정을
함께 걸어가며 풍요의 문을 활짝 열어봅시다.

믿음은 단순한 생각이 아니라,
현실을 움직이는 진짜 진동이자 창조의 에너지다.

3단계는 감정의 파동을 넘어
그 에너지를 확신의 진동으로 끌어올리는 훈련이다.
이제 당신은 불안, 의심, 자책, 비교의 마음에서 벗어나
'나는 이미 풍요한 사람이다'라는 내면의 중심축을 세우게 된다.

믿음이 약하면 현실이 흔들리지만,
믿음이 깊어지면 현실은 따라온다.
이 단계는 단순한 긍정이 아니라,
'이미 이루어졌다'는 절대적 확신을 잠재의식에 새기는 과정이다.

이제 세 번째 여정이다.
감정의 진동을 넘어,
확신의 진동으로 자신을 단단히 세워보자.
당신의 믿음이 바로 풍요를 현실로 끌어오는 시작점이다.

STEP 3

강력한 신념으로 전환시키다

Your Abundant Faith

DAY 041

자신을 믿는 순간,
타인의 비난에서 자유로워진다.

___소크라테스Socrates

세상이 쏟아내는 말보다 더 위험한 것은 내가 나를 의심하는 마음이다.

아무리 뛰어난 재능을 가졌어도 스스로를 믿지 못한다면,

그 힘은 결코 깨어나지 않는다. 반대로 아직 가진 것이 없어도,

'나는 할 수 있다'는 믿음 하나만 있다면

그 믿음은 잠재의식을 깨우고 현실을 움직이기 시작한다.

진짜 자유는 세상의 평가에서 오는 것이 아니다.

타인의 인정이 없어도 흔들리지 않는 내면의 신뢰에서 시작된다.

내가 나를 믿는 순간, 비교와 비난, 시선과 기대는

더 이상 내 마음을 지배할 수 없다.

기억하라. 당신의 가치는 누군가가 정해주는 것이 아니다.

당신이 자신을 얼마나 믿는가에 따라 현실의 크기와 방향이 달라진다.

지금 이 순간, 세상의 시선을 멈추고 내면의 목소리를 들어라.

'나는 충분하다. 나는 할 수 있다.'

그 한마디 깊은 믿음이 당신을 풍요로 이끄는 시작점이다.

나의 가치는 누군가가 정해주는 것이 아니다.
내가 자신을 얼마나 믿는가에 따라
현실의 크기와 방향이 달라진다.

당신만의 '자기 신뢰 선언'을 쓰고 말해보자.
믿음은 외부가 아니라, 내면에서 피어난다.

예시) 나는 충분하다. 나는 할 수 있다.

DAY 042

너 자신을 신뢰하라.
모든 영혼은 그 강철의 울림에 공명한다.

___랄프 왈도 에머슨 Ralph Waldo Emerson

우리 모두의 내면에는 조용히 울리는 목소리가 있다.
'지금 이 길이 맞다.' '그 일을 해라.' '멈추지 말고 나아가라.'
하지만 우리는 너무 자주 그 소리를 무시한다.
타인의 말이 더 크게 들리고, 세상의 기준이 더 정확해 보이기 때문이다.
'나는 아직 부족하다'는 의심이 그 신호를 지워버리고 만다.
허나 진짜 풍요의 문은 밖에서 들리는 소리가 아니라, 안에서 울리는 진동에
귀 기울일 때 열린다. 자기 신뢰란 단순한 '근거 없는 자신감'이 아니다.
그것은 잠재의식 깊은 곳에서 들려오는 우주의 신호이며,
당신이 태어날 때부터 품고 있던 무한한 가능성의 언어다.
그 목소리를 믿고 행동으로 옮기는 순간, 현실이 움직이기 시작한다.
뜻밖의 기회가 다가오고, 막혀 있던 길이 하나둘씩 열리기 시작한다.
세상은 '믿음의 진동'에 반응한다.
당신이 믿음으로 나아가는 순간, 우주는 그 주파수에 맞춰 길을 열고,
당신의 삶은 더 큰 풍요의 흐름 속으로 들어가게 될 것이다.

내가 믿음으로 나아가는 순간,
우주는 그 주파수에 맞춰 길을 열고,
나의 삶은 더 큰 풍요의 흐름 속으로 들어가게 될 것이다.

오늘의 자기 선언

당신만의 '자기 신뢰 선언'을 쓰고 말해보자.
내면의 울림을 믿는 순간, 세상이 움직인다.

예시) 나는 내 안의 목소리를 믿고, 그 방향으로 나아간다.

DAY 043

믿음은 불가능의 문을 여는
마법의 열쇠다.

___노먼 빈센트 필 Norman Vincent Peale

믿음이란, 아직 눈앞에 증거가 없어도

그것이 현실이 될 것임을 전심으로 확신하는 힘이다.

대다수의 사람은 "보여야 믿는다"고 말한다.

그러나 진짜 이룬 사람들은

'먼저 믿었기 때문에' 현실에서 그것을 보았다.

믿음은 단순한 마음가짐이 아니다.

그것은 '아직 오지 않은 미래'를 현재로 끌어오는 자기 확신의 에너지다.

당신이 '이미 이루어졌다'고 믿는 순간,

우주는 그 믿음을 증명하기 위해 움직이기 시작한다.

기억하자!

단 1%의 의심도 허락하지 않는 절대적 믿음이

불가능의 문을 열고,

기적과 풍요를 당신의 삶으로 끌어온다.

**단 1%의 의심도 허락하지 않는 절대적 믿음이
불가능의 문을 열고, 기적과 풍요를 나의 삶으로 끌어온다.**

오늘의 자기 선언

당신만의 '믿음 선언'을 쓰고 말해보자.
믿음은 미래를 현재로 끌어오는 에너지다.

예시) 나는 이미 이루어졌음을 믿는다.

DAY 044

내가 그것을 할 수 있다고 믿는다면,
처음엔 능력이 없어도 결국 그 능력을 얻게 된다.

——마하트마 간디Mahatma Gandhi

믿음은 현실을 움직이는 순수한 진동이다.

처음에는 아무 능력도 없고, 방법조차 보이지 않아도 괜찮다.

'나는 할 수 있다'는 확고한 믿음이 잠재의식을 자극하고,

그 잠재의식이 내 안에 숨어 있던 힘을 하나씩 꺼내기 시작한다.

두려움이 올라올 때마다 그 믿음을 다시 붙잡아라.

'나는 지금 성장하고 있다'는 확신이 들 때,

당신의 행동은 달라지고, 행동은 현실을 바꾼다.

믿음은 행동의 첫 에너지다.

그 믿음 하나가 당신을 움직이게 하고,

그 움직임이 결국 당신 안의 능력을 깨울 것이다.

아직 부족해도 괜찮다.

믿음이 당신 안의 힘을 깨우고,

그 힘이 결국 세상을 바꿀 것이다.

아직 부족해도 괜찮다.
믿음이 내 안의 힘을 깨우고, 그 힘이 결국 세상을 바꿀 것이다.

오늘의 자기 선언

당신만의 '믿음 선언'을 쓰고 말해보자.
믿음이 현실을 움직인다.

예시) 그럼에도 불구하고 나는 할 수 있다!

DAY 045

마음이 믿고 그릴 수 있는 것은,
무엇이든 실현할 수 있다.

——나폴레온 힐Napoleon Hill

상상은 단순한 생각이 아니다.

그것은 앞으로 펼쳐질 삶의 '보이지 않는 설계도'다.

마음속에서 반복되는 이미지는 잠재의식에 각인되고,

잠재의식은 그 진동에 맞는 사람, 기회, 상황을 내게 끌어오기 시작한다.

지금 가진 것이 없다고 해서 걱정할 필요는 없다.

중요한 건 현재의 현실이 아니라, 내면에서 어떤 그림을 그리고 있는가다.

이미 이루어진 듯이 마음속에서 선명하게 그릴 때

현실은 그 그림을 따라 조용히 움직이기 시작한다.

'정말 가능할까?'라는 의심이 올라올 때마다 스스로에게 말하라.

'나는 이미 그 길 위에 있다.'

확신이 깊어질수록 잠재의식은 더 강하게 반응하고,

그 믿음이 당신의 현실을 새롭게 써 내려간다.

상상의 힘을 현실로 끌어오는 가장 확실한 방법은

완전하게 믿는 것이다.

‘정말 가능할까?’라는 의심이 올라올 때마다 스스로에게 말하라.
‘나는 이미 그 길 위에 있다.’

오늘의 자기 선언

당신만의 ‘확신 선언’을 쓰고 말해보자.
확신이 깊어질수록, 현실은 바뀐다.

예시) 나는 이미 그 길 위에 있다.

DAY 046

행복해지고 싶다면 행복한 척하라.
행동이 마음을 바꾸고, 마음이 현실을 바꾼다.

——윌리엄 제임스William James

행복은 기다리는 감정이 아니다.

어느 날 갑자기 찾아오는 우연한 행운도 아니다.

행복은 지금 이 순간,

내가 스스로 선택하고 만들어내는 마음의 상태다.

웃을 일이 없다고 웃지 못하는 사람은 평생 행복을 기다려야 한다.

그러나 웃을 일이 없어도 웃는 사람은 언제든 행복을 창조할 수 있다.

행복은 '결과'가 아니라 '선택'이며,

그 선택이 잠재의식에 새로운 명령을 내린다.

"나는 이미 행복하다."

이 한 문장이 마음 깊이 새겨질 때,

당신의 진동은 바뀌고, 현실이 그 주파수에 반응하기 시작한다.

행복한 사람처럼 웃고, 풍요로운 사람처럼 말하라.

당신의 현실은 '행복과 풍요의 파동'에 맞춰 움직일 것이다.

행복한 사람처럼 웃고, 풍요로운 사람처럼 말하라.
나의 현실은 '행복과 풍요의 파동'에 맞춰 움직일 것이다.

오늘의 자기 선언

당신만의 '행복 선언'을 쓰고 말해보자.
행복은 지금 이 순간 내가 만드는 것이다.

예시) 나는 행복을 선택한다. 나는 이미 행복하다.

DAY 047

용기란 두려움이 없는 것이 아니라,
두려움을 이겨내는 것이다.

___세네카 Seneca

두려움은 당신을 막기 위한 벽이 아니다.

그것은 당신이 새로운 문 앞에 서 있다는 강력한 신호다.

두려움이 느껴진다는 건, 지금 당신이 과거의 한계를 넘어

더 큰 가능성으로 도약할 수 있는 지점에 있다는 뜻이다.

그러나 대부분은 그 문턱에서 멈춰 선다.

"아직 준비가 안 됐어." "나한테는 무리야."

부자와 가난한 사람의 차이는 단순하다.

부자는 두려워도 행동하고, 가난한 사람은 두려워서 멈춘다.

두려움이 사라지기를 기다리는 사람에게 용기는 결코 찾아오지 않는다.

용기란 두려움을 품은 채 기꺼이 앞으로 내딛는 힘이며,

그 한 걸음이 나의 잠재력을 깨우고, 새로운 현실의 문을 열 것이다.

당신은 어떤 선택을 할 것인가?

두려움 앞에서 멈출 것인가,

아니면 그 문을 열고, 더 큰 삶으로 나아갈 것인가?

**부자는 두려워도 행동하고
가난한 사람은 두려워서 멈춘다.**

오늘의 자기 선언

당신만의 '용기 선언'을 쓰고 말해보자.
두려움을 직면하는 순간, 가능성은 현실이 된다.

예시) 나는 기꺼이 앞으로 나아간다.

DAY 048

**믿음이 있는 마음에는
두려움이 없다.**

——법정法頂 스님

두려움이 커지는 이유는 단 하나다.

'나는 할 수 없다'는 생각 때문이다.

의심은 마음을 흔들고, 흔들리는 마음은 끝없이 불안을 키운다.

반대로 완전한 믿음의 상태에서는 불안도, 집착도, 조급함도 사라진다.

그 일이 반드시 이루어질 것임을

이미 마음속에서 알고 있기 때문이다.

아이들처럼 순수하게 무작정 믿는 것이다.

믿음이 깊어질수록 마음은 점점 더 고요해지고

고요한 마음에는 두려움이 들어설 틈이 없다.

진짜 부자들은 지금 돈이 없어도, 사업이 어려워도 흔들리지 않는다.

왜냐하면 결국 자신이 풍요로워질 것을 당연히 믿고 있기 때문이다.

그 고요한 확신이 다시 그들에게 풍요를 안겨준다.

두려움을 없애려 애쓰지 말라.

그 대신 믿음을 키워라.

진짜 부자는 지금 돈이 없어도,
사업이 어려워도 흔들리지 않는다.
결국 자신이 풍요로워질 것을 당연히 믿고 있기 때문이다.
그 고요한 확신이 다시 풍요를 안겨준다.

오늘의 자기 선언

당신만의 '평온 선언'을 쓰고 말해보자.
믿음이 있는 마음은 흔들리지 않는다.

예시) 나는 반드시 해낸다.

DAY 049

호랑이 굴에 들어가지 않고,
어찌 호랑이 새끼를 얻겠는가.

___반초班超

믿음이 있다면, 반드시 행동으로 이어져야 한다.

머릿속에서만 다짐하는 믿음은 공상일 뿐이고,

마음속에서만 바라는 꿈은 환상일 뿐이다.

기회는 준비된 자에게 오는 것이 아니라, 움직인 자에게 온다.

"아직 때가 아니다"라는 말은 대부분 두려움이 만든 변명일 뿐이다.

진짜 기적은 모든 준비가 끝났을 때 오는 것이 아니라,

아무것도 갖추지 못한 상태에서도 믿음 하나로 내딛을 때 따라온다.

두려움이 남아 있어도 괜찮다.

중요한 건, 그 두려움 속에서도 한 걸음을 내딛는 용기다.

그 한 걸음이 우주에 신호를 보내고,

우주는 그 진동에 반응해 길을 열기 시작한다.

풍요는 기다리기만 하는 사람에게 오지 않는다.

믿음으로 움직이는 사람에게만 길을 내어준다.

풍요는 기다리기만 하는 사람에게 오지 않는다.
믿음으로 움직이는 사람에게만 길을 내어준다.

오늘의 자기 선언

당신만의 '행동 선언'을 쓰고 말해보자.
믿음의 한 걸음이 기적의 시작이다.

예시) 나는 믿음을 행동으로 증명한다.

DAY 050

**스스로를 이기는 자가 강하고,
자신을 아는 자가 지혜롭다.**

＿＿한비자 韓非子

세상에서 가장 어려운 싸움은 '나 자신과의 싸움'이다.

"이 정도면 충분해." "다음에 하지 뭐." "오늘은 쉬자."

매일 같이 찾아오는 이 작은 속삭임들이 내가 나아가는 길목을 막는다.

그러나 진짜 강자는 그 목소리에 굴하지 않는 사람이다.

게으름과 변명을 이기고, 두려움과 타협을 넘어서는 사람이다.

매일 어제의 나를 이기는 순간, 잠재의식은 폭발적으로 성장한다.

자기 자신을 이기는 힘은 믿음을 '확신'으로 바꾸는 촉매제다.

풍요는 경쟁자를 꺾는 데서 오지 않는다.

진짜 풍요는 어제의 나를 넘어서는 그 한 걸음에서 시작된다.

오늘의 선택이 내일의 현실을 만든다.

기억하라.

당신의 가장 강력한 경쟁자는 밖에 있는 누군가가 아니라,

바로 당신 자신이다.

풍요는 경쟁자를 꺾는 데서 오지 않는다.
진짜 풍요는 어제의 나를 넘어서는 그 한 걸음에서 시작된다.

오늘의 자기 선언

당신만의 '성장 선언'을 쓰고 말해보자.
매일 어제의 나를 이기는 순간 현실은 달라진다.

예시) 나는 오늘, 어제의 나를 이긴다.

DAY 051

**믿음은 이성이 닿지 못한 어둠 속에서도
길을 걷게 하는 빛이다.**

——임마누엘 칸트 Immanuel Kant

많은 사람들이 끝이 보여야 움직인다.

모든 게 완벽히 보장되어야 시작할 수 있다고 믿는다.

그러나 인생은 그렇게 움직이지 않는다.

믿음은 모든 것이 다 보일 때가 아니라,

아무것도 보이지 않을 때 진짜 힘을 발휘한다.

처음부터 끝까지 다 계획하지 않아도 된다.

한 걸음을 내딛으면, 그다음 길이 보인다.

그 길을 걷다 보면 또 다음 문이 열린다.

그리고 어느 순간, 처음엔 상상조차 하지 못했던 지점에 서 있게 된다.

믿음이란, 계단 전체가 보이지 않아도 눈앞의 첫 계단을 밟을 용기다.

방향이 불확실해도, 끝이 보이지 않아도

'나는 갈 수 있다'는 확신 하나면 충분하다.

바닷물을 매일같이 뚫어지게 바라본다고 해서 바다를 건널 수는 없다.

그냥 시작하라!

**믿음이란, 계단 전체가 보이지 않아도
눈앞의 첫 계단을 밟을 용기다.**

오늘의 자기 선언

당신만의 '믿음 선언'을 쓰고 말해보자.
한 걸음을 내딛으면, 그다음 길이 보인다.

예시) 나는 끝이 보이지 않아도, 한 걸음을 내딛는다.

DAY 052

아는 것과 행동하는 것은 하나다.
행동할 때 비로소 신념이 완성된다.

──왕양명 王陽明

머릿속으로 아무리 확신해도,

행동하지 않으면 현실은 아무것도 변하지 않는다.

아무리 좋은 책을 읽고, 명언을 수백 번 외워도

'행동'이 없으면 그것은 단지 망상일 뿐이다.

풍요를 끌어당기는 사람들의 공통점은 단 하나다.

'언젠가'를 기다리지 않는다. 완벽한 때를 찾지도 않는다.

아직 부족해도, 준비되지 않아도 지금 이 자리에서 한 걸음을 내딛는다.

그 작은 행동이 잠재의식에 강력한 신호를 보낸다.

'이건 이미 현실이다. 나는 지금 풍요를 끌어오고 있다.'

그 순간부터 잠재의식은 전력을 다해 나의 믿음을 현실로 옮기기 시작한다.

행동 없는 신념은 공상일 뿐이다.

당신이 지금 내딛는 단 한 걸음이 풍요를 끌어당기는 진짜 에너지다.

진짜 변화를 만드는 건 거대한 도약이 아니라,

지금 이 순간의 작지만 단단한 한 걸음이다.

**진짜 변화를 만드는 건 거대한 도약이 아니라,
지금 이 순간의 작지만 단단한 한 걸음이다.**

오늘의 자기 선언

**당신만의 '실천 선언'을 쓰고 말해보자.
작은 한 걸음이 풍요의 현실을 불러온다.**

예시) 이건 이미 현실이다. 나는 지금 풍요를 끌어오고 있다.

DAY 053

마음의 확신을 잃지 마라.
그것이 당신의 길을 밝히는 등불이다.

___마르쿠스 아우렐리우스Marcus Aurelius

살면서 누구에게나 깊은 어둠의 터널이 찾아온다.
아무것도 보이지 않고, 모든 게 멈춘 듯한 순간이 있다.
그러나 그때 필요한 건 더 많은 정보도, 더 완벽한 계획도 아니다.
오직 '그래도 나는 간다'는 단 하나의 확신이다.
확신은 보이지 않는 길을 밝혀주는 등불이다.
한 치 앞이 안 보여도, '나는 끝까지 갈 수 있다'는 믿음을 붙잡으면
그 믿음이 꺼져가던 불씨를 다시 살리고 앞으로 나아갈 에너지를 만든다.
길이 보여서 가는 것이 아니다.
확신이 있으니 길이 만들어지는 것이다.
풍요로운 사람은 완벽하게 알기를 기다리지 않는다.
보이지 않아도 확신으로 걷는다.
그 확신이 현실을 끌어오고, 결국 불가능을 가능으로 바꾼다.
확신이야말로 인생의 방향을 정하고, 풍요의 문을 여는
가장 순수한 창조의 힘이다.

길이 보여서 가는 것이 아니다.
확신이 있으니 길이 만들어지는 것이다.

오늘의 자기 선언

당신만의 '확신 선언'을 쓰고 말해보자.
확신이 강할수록 현실은 더 빨리 변한다.

예시) 나는 끝까지 갈 수 있다.

DAY 054

뜻이 향하는 곳에
에너지가 흐른다.

———맹자孟子

할 수 없어서 멈추는 것이 아니다.

하지 않기 때문에 멈추는 것이다.

방향이 분명한 뜻은 거대한 에너지를 불러온다.

그 뜻이 깊고 진심일수록 내면의 잠재력은 깨어나고,

우주는 그 뜻을 실현시키기 위한 흐름을 만든다.

풍요는 능력에서 시작되지 않는다.

풍요는 언제나 '의지'에서 시작된다. '나는 반드시 이룬다'는 결심이 선명할 때

시간도, 기회도, 사람도 그 결심을 돕기 위해 움직인다.

의지가 약하면 현실도 약하게 흔들리지만,

뜻이 강하면 세상은 그 방향으로 흐른다.

당신이 진심으로 원하는 일에 얼마나 깊이,

얼마나 뜨겁게 에너지를 쏟고 있는가?

의지의 강도가 곧 현실의 크기를 결정한다.

그리고 그 뜻이 순수할수록, 우주는 나의 편에 선다.

'나는 반드시 이룬다'는 결심이 선명할 때,
시간도, 기회도, 사람도 그 결심을 돕기 위해 움직인다.

오늘의 자기 선언

당신만의 '의지 선언'을 쓰고 말해보자.
의지가 분명할수록 현실은 강하게 반응한다.

예시) 나는 반드시 이룬다.

DAY 055

의지를 바꾸면
세상이 바뀐다.

___아르투어 쇼펜하우어 Arthur Schopenhauer

당신이 보는 현실은 당신이 어떤 의지를 품었는가의 결과다.

의지는 단순한 열망이 아니다.

그것은 우주에 내리는 명령이다.

'나는 이 길을 간다'는 결심이 단단해질수록,

잠재의식은 그 명령을 실행하기 위해 모든 에너지를 총동원한다.

그리고 그 에너지에 맞춰 사람과 기회, 상황이 새롭게 재배열된다.

풍요를 이룬 사람들은 환경이 완벽해서 성공한 것이 아니다.

그들은 환경이 바뀔 때까지 기다리지 않았다.

오히려 '의지'로 환경을 바꿨다.

그들의 확고한 결심이 길을 만들고, 상황을 움직였고,

결국 불가능해 보이던 문을 열었다.

기억하라. 현실은 우연히 만들어지지 않는다.

당신이 품은 의지가 현실을 다시 쓰고,

그 의지가 마침내 풍요의 흐름을 불러온다.

'나는 이 길을 간다'는 결심이 단단해질수록,
잠재의식은 그 명령을 실행하기 위해
모든 에너지를 총동원한다.

오늘의 자기 선언

당신만의 '의지 선언'을 쓰고 말해보자.
의지가 풍요의 문을 연다.

예시) 나는 내 의지로 내 삶의 길을 새롭게 만든다.

DAY 056

마음의 힘은
믿음의 강도로 측정된다.

―― 스피노자 Baruch Spinoza

믿음이 약하면,

현실은 안개 속처럼 흐릿하게 나타난다.

그러나 믿음이 강하면,

그 믿음이 현실을 밀어붙인다.

세상은 언제나 '확신의 진동'에 반응한다.

잠재의식은 당신이 얼마나 믿고 있는지를 그대로 반영할 뿐이다.

'되면 좋겠어' 수준의 희망은 흐릿한 결과를 만들지만,

'반드시 된다'는 절대적 확신은 현실이 따를 수밖에 없는 흐름을 만든다.

풍요를 창조하는 사람과 그렇지 못한 사람의 차이는

지식도, 운도, 능력도 아니다.

그 차이는 오직 '믿음의 강도'다.

풍요는 언제나 가장 순도 높은 믿음의 자석에 붙는다.

당신이 '이미 이루어졌다'는 절대적 신념을 품는 순간,

현실은 그 믿음에 맞춰 재편되기 시작한다.

풍요를 창조하는 사람과 그렇지 못한 사람의 차이는
지식도, 운도, 능력도 아니다.
그 차이는 오직 '믿음의 강도'다.

오늘의 자기 선언

당신만의 '믿음 선언'을 쓰고 말해보자.
믿음이 강해질수록 현실은 나에게 굴복한다.

예시) 이미 이루어졌다.

DAY 057

**의심과 두려움은 가난을 부르고,
믿음과 확신은 부를 창조한다.**

___조셉 머피 Joseph Murphy

잠재의식은 '논리'가 아니라 '감정'에 반응한다.

부정적인 감정은 자신도 모르게 쉽게 들어와 마음을 점령한다.

걱정, 두려움, 질투, 불안 같은 감정이 계속 반복되면

잠재의식은 그것을 현실로 만들어낸다.

반대로 믿음과 확신은 자연스럽게 생기지 않는다.

그것은 의도적으로 심고, 반복해서 다져야 하는 '내면의 훈련'이다.

생각을 관리하고, 자기암시를 반복하지 않으면

잠재의식에 깊숙이 뿌리내리지 못한다.

풍요를 끌어당기는 사람들은 '돈이 줄어들까'를 걱정하지 않는다.

그들은 '돈은 흐른다. 나는 그 흐름의 통로다'라고 믿는다.

이 믿음이 잠재의식에 스며들었을 때

현실은 그 믿음을 증명하기 위해 움직이기 시작한다.

의심과 두려움은 결핍을 끌어오고, 믿음과 확신은 풍요를 끌어온다.

결국 감정을 다스리는 사람이 현실의 흐름도 다스린다.

풍요를 끌어당기는 사람들은
'돈이 줄어들까'를 걱정하지 않는다.
그들은 '돈은 흐른다. 나는 그 흐름의 통로다'라고 믿는다.

오늘의 자기 선언

당신만의 '풍요 선언'을 쓰고 말해보자.
확신이 부를 끌어온다.

예시) 돈은 흐른다. 나는 그 흐름의 통로다.

DAY 058

상상으로만 가지고 있는 것들에 대해서도
감사할 줄 아는 사람은 진정한 믿음을 가진 사람으로서
부자가 될 사람이다.

___월러스 워틀스Wallace D. Wattles

아직 현실에서 이루어지지 않은 일에 대해서도

미리 감사할 수 있는 사람만이 진짜 믿음을 가진 사람이다.

미리 감사한다는 것은 단순한 긍정이 아니다.

그것은 '이미 이루어졌다'는 확신 상태에 머무는 것이며,

그 상태는 가장 높은 파동을 만들어낸다.

그 파동 속에서는 두려움, 의심, 불안이 들어올 틈이 없다.

대신 전에는 떠오르지 않던 아이디어가 샘솟고,

보이지 않던 기회가 눈앞에 펼쳐지며,

당신의 삶은 감사의 방향으로 자연스럽게 흘러가기 시작한다.

중요한 건, 아직 갖지 못한 것을 걱정하는 게 아니라

이미 가진 것에 감사하고,

아직 없는 것에도 미리 감사하는 태도다.

그때부터 현실은 당신의 신념을 증명하기 위해 움직이기 시작할 것이다.

중요한 건 아직 갖지 못한 것을 걱정하는 게 아니라,
이미 가진 것에 감사하고, 아직 없는 것에도
미리 감사하는 태도다.

오늘의 자기 선언

당신만의 '감사 선언'을 쓰고 말해보자.
미리 감사할수록, 현실은 감사의 방향으로 움직인다.

예시) 나는 아직 이루어지지 않은 축복에도 미리 감사한다.

DAY 059

◆ '이미 그렇게 되었다'는 확신 ◆

우주는 당신이 확신하는 대로 응답한다.

——《우파니샤드Upanishads》

우주는 나의 말이 아니라, 나의 진짜 진동에 반응한다.

'될 수도 있지 않을까?'라는 희미한 바람에는 꿈쩍도 하지 않지만,

'이미 그렇게 되었다'는 확신에는 반드시 응답한다.

확신은 단순한 믿음보다 훨씬 강력하다.

믿음이 깊어지면, '언젠가 될 것이다'가 아니라

'이미 그렇게 되었다'는 절대적 앎의 상태로 옮겨간다.

이것이 바로 신념Faith의 파동이다.

거짓이든 진실이든, 반복해서 마음에 품고 말하는 생각은

잠재의식 속에서 신념이 되고,

그 신념은 결국 당신을 당신이 생각한 그 사람으로 만들어간다.

풍요를 끌어당기는 사람들의 공통점은 하나다.

그들은 '언젠가'의 미래에 살지 않는다.

'이미 이루어진 현재' 속에서 살아간다.

풍요를 끌어당기는 사람들의 공통점은 하나다.
그들은 '언젠가'의 미래에 살지 않는다.
그들은 '이미 이루어진 현재' 속에서 살아간다.

당신만의 '확신 선언'을 쓰고 말해보자.
확신이 깊어질수록 우주는 나의 편이 된다.

예시) 이미 내가 원하는 대로 되었다.

DAY 060

**뜻을 품은 자는
하늘의 뜻과 통한다.**

＿＿사마천 司馬遷

진심에서 나온 '뜻'은 단순한 소망이 아니다.

그것은 삶을 움직이는 명령이고, 하늘과 연결되는 통로다.

작은 욕심은 한계 앞에서 멈추지만, 큰 뜻은 결국 세상의 흐름마저 바꾼다.

풍요는 단순히 '갖고 싶다'는 마음만으로는 오지 않는다.

그것을 위해 스스로 단련을 선택하고, 끝까지 나아가는 사람에게 온다.

우리가 겪는 어려움은

하늘이 나를 정금처럼 단단하게 빚어내는 과정이다.

그러니 고통 앞에서 멈추지 말라.

'나는 안 돼'를 버리고, '나는 반드시 해낼 수 있어'를 선택하라.

그 믿음이 의지를 만들고, 의지가 길을 연다.

뜻이 하늘과 하나가 되는 순간, 삶은 더 이상 혼자가 아니다.

우주가 당신의 편이 되어 흐르기 시작한다.

기적은 멀리서 오는 것이 아니다.

당신이 결심한 바로 그 순간, 기적은 이미 시작되었다.

기적은 멀리서 오는 것이 아니다.
내가 결심한 바로 그 순간, 기적은 이미 시작되었다.

오늘의 자기 선언

당신만의 '큰 뜻 선언'을 쓰고 말해보자.
끝까지 가겠다는 뜻이 길을 연다.

예시) 나는 어떤 어려움 속에서도 반드시 해낼 수 있다.

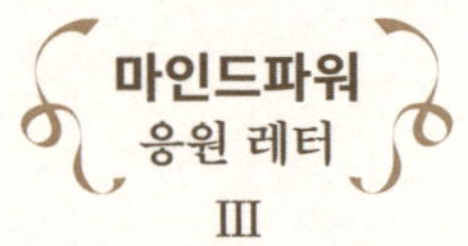

강한 '믿음의 힘'을 키워낸 당신에게

⬦

3단계까지 해낸 당신, 진심으로 축하드립니다!
60일간 멈추지 않고 필사하며 스스로를 단련한 당신은
이제 결코 평범한 사람이 아닙니다.
당신은 이미 '내 안의 힘'으로 현실을 바꾸는 법을 배운 사람입니다.

처음 이 여정을 시작할 때만 해도
'믿음'이 막연한 단어처럼 느껴졌을지도 모릅니다.
하지만 이제 당신은 압니다.
믿음은 단순한 생각이 아니라,
현실을 움직이는 근원의 힘이라는 것을요.

의심이 올라와도 멈추지 않을 힘을 단련했고,
두려움이 다가와도 끝까지 나아갈 수 있는 내면의 근육을 키웠습니다.
그 과정 속에서 당신은 '나는 이미 풍요한 사람이다'라는
확신의 뿌리를 단단히 내리고 있습니다.

기억하세요.

현실을 만드는 건 지식이 아니라 '믿음'입니다.

세상은 계산하고 따지는 사람보다,

끝까지 믿고 나아가는 사람에게 길을 열어줍니다.

그리고 당신은 기꺼이 그 믿음을 잠재의식에 체화시켰습니다.

이제 당신은 더 큰 도약을 준비할 때입니다.

다음 20일은 지금까지 쌓아온 믿음을

현실의 행동으로 연결하는 여정이 될 것입니다.

생각 속에서만 존재하던 풍요가,

당신의 눈앞에서 움직이기 시작할 것입니다.

이 놀라운 변화를 스스로에게 선물한

당신의 용기와 꾸준함에 박수를 보냅니다.

준비되셨나요?

4단계 20일의 여정에서 당신의 삶은

전보다 훨씬 더 풍요롭게 변화할 것입니다.

함께 끝까지 걸어가며, 풍요의 문을 활짝 열어봅시다!

풍요는 우연이 아니라, 매일의 루틴에서 만들어지는 결과다.
감정과 믿음이 자리를 잡았다면,
이제 그것을 행동으로 옮겨 당신의 일상에 새겨 넣을 차례다.

4단계는 풍요로운 감정과 확신을
'매일의 습관'으로 연결하는 실천의 여정이다.
그동안 작심삼일로 끝나던 이유는 의지가 약해서가 아니라,
진동이 약했기 때문이다.
이제는 풍요의 진동이 실린 행동을 매일 반복하며
'나만의 지속 가능한 루틴'을 완성해 가자.

풍요로운 사람은 다르게 생각하고,
그 생각을 행동으로 증명한다.
이 단계에서는 단순한 실천이 아니라,
보이지 않는 풍요의 에너지를 담는 파워 액션의 시간이다.

이제 네 번째 여정이다.
당신이 원하는 삶을 실현하기 위해
당신만의 풍요 루틴을 세우고, 매일을 설계하라.
당신의 일상이 곧, 풍요를 끌어당기는 가장 강력한 진동이 될 것이다.

STEP 4

풍요의 습관을 내 삶에 심다

Your Abundant Habit

DAY 061

삶을 가난하게 만드는 것은 환경이 아니라,
스스로 세운 한계다.

___프리드리히 니체 Friedrich Nietzsche

돈이 없다는 말을 입에 달고 살면서 스스로를 가두는 사람들이 있다.

생각을 줄이고, 사람을 멀리하고, 기회가 올 가능성조차 스스로 지워버린다.

그 순간부터 삶은 생존 모드로 전환된다.

생존 모드에 빠진 사람은 멀리 보지 못한다.

오늘만 버티려 애쓰다 내일을 잃고,

돈을 지키는 법만 배우다 결국 성장의 기회를 놓친다.

위험을 피하려다 성장을 막고, 실패를 피하려다 성공을 밀어낸다.

반면 풍요를 끌어당기는 사람은 결핍을 두려워하지 않는다.

오히려 결핍 속에서도 사고를 넓히고, 크게 미래를 그리고,

지금의 조건이 아닌 '나의 가능성'에 끊임없이 투자한다.

진짜 문제는 빈 통장이 아니라 빈 통장을 핑계로 마음까지 가난해지는 것이다.

그러니 숫자에 갇히지 말고, 나의 가능성을 키워라.

스스로에 대한 확신, 어떤 상황에서도 포기하지 않는 태도,

이 두 가지를 매일 쌓아올리는 사람이 끝내 진짜 풍요를 끌어당긴다.

진짜 문제는 빈 통장이 아니라
빈 통장을 핑계로 마음까지 가난해지는 것이다.

당신만의 '가능성 선언'을 쓰고 말해보자.
조건이 아니라 나 자신이 부의 출발점이다.

예시) 나는 내 안의 가능성과 돈 그릇을 매일 성장시킨다.

DAY 062

하루를 지배하지 못하는 자는
인생을 지배할 수 없다.

___게오르크 헤겔Georg W. F. Hegel

인생은 거대한 목표나 계획으로 만들어지지 않는다.
삶을 바꾸는 비밀은 언제나 '오늘 하루' 안에 숨어 있다.
풍요를 끌어당기는 사람은
하루를 결코 허투루 흘려보내지 않는다.
단 5분이라도 자신을 성장시키는 루틴을 갖고 있고,
작은 습관 하나라도 '풍요의 파동'과 연결시킨다.
그들은 꿈을 이루기 위해 반드시 해야 하는 행동 앞에서는
예외를 두지 않는다.
'오늘만 쉬자', '하루쯤 괜찮겠지'라는 타협 대신
이미 결정한 행동이라면 어떤 상황에서도 지켜낸다.
한 번의 선택이 습관을 만들고,
그 습관이 운명을 바꾼다는 것을 알기 때문이다.
오늘 당신은 시간에 끌려다니며 하루를 보낼 것인가?
아니면 하루를 주도하며, 풍요의 궤도를 만들 것인가?

한 번의 선택이 습관을 만들고,
그 습관이 운명을 바꾼다.

오늘의 자기 선언

당신만의 '주도 선언'을 쓰고 말해보자.
하루를 지배하는 순간, 인생도 달라진다.

예시) 나는 하루를 주도적으로 설계하며, 풍요로운 인생을 만든다.

DAY 063

천 리 길도
한 걸음부터 시작된다.

———노자老子

풍요를 만들어내는 사람은 거대한 도약을 기다리지 않는다.

그들은 언제나 '작은 시작'에 집중한다.

한 번의 결심보다 중요한 것은,

그 결심을 매일 행동으로 옮기는 힘이다.

승자와 패자는 간발의 차이라는 말이 있다.

처음에는 미미해 보이는 그 차이가

시간이 지날수록 엄청난 격차를 만든다.

겉으로는 별것 아닌 것처럼 보이는 하루 5분의 습관, 작은 도전,

사소한 반복이 쌓이고 쌓여 결국 인생의 방향을 완전히 바꿔놓는다.

"작은 변화로는 아무것도 달라지는 게 없어."

이렇게 말하는 사람은 결코 성장할 수 없다.

그러나 풍요로운 사람은 안다.

작은 행동 하나가 1년 후의 삶을 완전히 다른 차원으로 이끈다는 것을.

오늘 나는 어떤 '작은 한 걸음'을 시작할 것인가?

작은 도전, 사소한 반복이 쌓이고 쌓여
결국 인생의 방향을 완전히 바꿔놓는다.

오늘의 자기 선언

당신만의 '시작 선언'을 쓰고 말해보자.
작은 한 걸음이 당신의 내일, 그리고 인생을 바꾼다.

예시) 나는 오늘의 작은 한 걸음을 통해 풍요로운 미래를 만든다.

DAY 064

**지속적인 노력 없이는
어떤 것도 위대해질 수 없다.**

___아리스토텔레스 Aristotle

모든 위대한 성취 뒤에는 한 가지 공통점이 있다.

'될 때까지 멈추지 않는 지속성'이다.

성공한 사람과 그렇지 않은 사람의 차이는 재능이나 운이 아니다.

99℃에서 멈추는가, 100℃까지 끓는가의 차이다.

조금 하다 멈추는 사람과 끝까지 태워내는 사람 사이에는

보이지 않지만 엄청난 격차가 존재한다.

지속성은 억지로 만들어지지 않는다. 진심으로 '사랑하는 일'을 할 때만 가능하다.

사랑하는 일이라면 밤을 새워도 지치지 않고,

희생조차도 기꺼운 선택이 된다. 이 세상에 공짜는 없다.

신이 감동하여 돕는 사람은 언제나 온 마음을 다해 행동한 사람이다.

'먼저 주어야 받는다'는 말은 진리다.

어떤 어려움에도 멈추지 않고 끝까지 나아간 사람들,

그들의 공통점은 단 하나다. 그들은 자신의 일을 미치도록 사랑했다.

뜨뜻미지근한 마음이 아니라, 땀이 피로 변할 만큼 뜨거운 마음으로.

이 세상에 공짜는 없다.
신이 감동하여 돕는 사람은 언제나
온 마음을 다해 행동한 사람이다.

오늘의 자기 선언

당신만의 '지속 선언'을 쓰고 말해보자.
지속성은 재능보다 강력한 힘이다.

예시) 나는 뜨거운 열정으로 위대한 성취를 이룬다.

DAY 065

하늘은
스스로 돕는 자를 돕는다.

─《시경詩經》

인생에서 승리는 언제나
'될 때까지 한다'는 태도를 가진 사람에게 돌아간다.
그들은 상황을 탓하지 않고, 조건을 기다리지 않는다.
지금 가진 것을 총동원해 움직이고, 넘어져도 다시 일어나 끝까지 나아간다.
기회를 잡는 사람과 놓치는 사람의 차이는 단순하다.
"언젠가 기회가 오면…"을 말하는 사람은 평생 기다리지만,
오늘 움직이는 사람은 이미 기회를 끌어당기고 있다.
풍요를 끌어당기는 사람은
결과가 보이지 않아도 매일 자신을 단련한다.
아직 현실이 변하지 않았어도 이미 풍요로운 사람처럼 행동하고,
아직 원하는 것이 손에 없더라도 이미 가진 사람처럼 말한다.
하늘이 돕는 사람은 특별한 능력을 가진 이들이 아니다.
스스로를 먼저 돕는 사람, 즉 자신의 가능성을 믿고 행동하는 사람이다.
바로 그런 사람이 결국 세상의 응답을 이끌어낸다.

하늘은 특별한 사람을 돕지 않는다.
스스로를 믿고, 먼저 움직이는 사람을 돕는다.

오늘의 자기 선언

나의 '행동 선언'을 쓰고 말해보자.
움직이는 자에게 우주는 응답한다.

예시) 나는 될 때까지 한다.

DAY 066

두드려라.
그러면 열릴 것이다.

_____예수Jesus Christ

대다수의 사람은 문이 열리기 전에 포기하고 만다.

세 번 두드려보다가 반응이 없으면

"아, 인연이 아니구나" 하고 돌아서 버린다.

하지만 성공하는 사람은 다르다.

문이 열릴 때까지, 아니 문이 무너질 때까지 두드린다.

그들에게는 '안 되면 어쩌지?'라는 선택지가 없다.

오직 '반드시 된다'는 단 하나의 확신만 존재한다.

이뤄지지 않을 가능성조차 생각하지 않는다.

다른 옵션을 세우는 대신, 온 마음과 에너지를 하나의 목표에 쏟아붓기 때문에

모든 에너지가 한 곳에 집중되고,

잠재의식이 폭발적인 힘으로 반응하기 시작한다.

풍요의 문도 마찬가지다. 겉으로 아무 변화가 없어 보여도

믿음으로 두드리는 사람에게 결국 문은 열린다.

포기하지 말라.

믿음을 품고 멈추지 않는 한, 그 풍요의 문은 반드시 열릴 것이다.

성공하는 사람에게는 '안 되면 어쩌지?'라는 선택지가 없다.
오직 '반드시 된다'는 단 하나의 확신만 존재한다.

오늘의 자기 선언

당신만의 '결심 선언'을 쓰고 말해보자.
멈추지 않는 믿음이 풍요의 문을 연다.

예시) 나는 반드시 이뤄낸다.

DAY 067

**습관은 처음에는 거미줄 같지만,
나중에는 쇠사슬처럼 강해진다.**

—《탈무드Talmuld》

처음엔 모든 게 미약해 보인다.
새로운 습관을 만들어보려 하고, 며칠을 반복해도
아무 변화도 없는 것 같고, '이걸 한다고 얼마나 달라지겠어?' 하는
생각이 스친다. 그러나 축적의 시간이 흐르면 상황은 완전히 달라진다.
매일의 작은 루틴과 어제보다 조금이라도 성장한 하루하루가 쌓이고 쌓여
작은 '점'이 되고, 그 점들이 연결되어 '선'을 만들고, 그 선들이 모여 결국
거대한 '면'을 만들어낸다.
많은 이가 누군가 만들어낸 그 '면'을 보며 "저 사람은 운도 좋지!" 하고
부러워하지만, 사실 매일 찍은 수많은 '점'들이 모여 만들어낸 걸작이다.
어떤 일도 갑자기 되지 않는다.
눈부신 결과는 하루하루 쌓아온 작은 반복의 힘이며,
그 반복이 결국 운명이 된다. 풍요도 마찬가지다.
지금의 작은 습관 하나가 부를 끌어당기는 에너지를 만들고,
그 에너지가 결국 당신의 삶 전체를 풍요롭게 이끈다.

**눈부신 결과는 하루하루 쌓아온 작은 반복의 힘이며,
그 반복이 결국 운명이 된다.**

오늘의 자기 선언

당신만의 '습관 선언'을 쓰고 말해보자.
오늘의 작은 습관이 풍요를 끌어당긴다.

예시) 나는 매일의 반복으로 부를 끌어당기고, 풍요로운 운명을 창조한다.

DAY 068

부자는 우연히 되는 것이 아니라, 습관에서 만들어진다.
매일의 작은 결정이 당신의 미래를 결정한다.

——조지 사무엘 클레이슨 George Samuel Clason

부자는 한순간의 행운으로 만들어지지 않는다.

그들은 매일의 '습관'을 통해 자신을 빚어낸 사람들이다.

부자와 그렇지 않은 사람의 차이는 돈의 액수가 아니라

생각의 방향, 말의 온도, 행동의 패턴에 있다.

풍요로운 사람은 돈이 많아서 행복한 것이 아니다.

그들은 '나는 이미 풍요 속에 살고 있다'는 확신으로 행동한다.

그래서 작은 소비 하나에도 스스로에게 묻는다.

"이 선택이 내 파동을 올리는가, 낮추는가?"

그렇게 매일의 선택이 부의 근육을 단련시킨다.

당신의 하루가 쌓여 나의 인생이 되듯,

오늘의 습관이 곧 당신의 부의 그릇을 결정한다.

오늘 당신의 습관은 부를 향해 흐르고 있는가,

아니면 결핍을 향해 가고 있는가?

**나의 하루가 쌓여 나의 인생이 되듯,
오늘의 습관이 곧 나의 부의 그릇을 결정한다.**

오늘의 자기 선언

당신만의 '부 습관 선언'을 쓰고 말해보자.
습관이 부를 만든다.

예시) 나는 이미 풍요 속에 살고 있다.

DAY 069

지혜의 첫걸음은
성실함이다.

___요한 볼프강 폰 괴테 Johann Wolfgang von Goethe

지혜는 단숨에 깨닫는 '번쩍임'에서 오지 않는다.
지혜는 언제나 성실함 속에서 조금씩 깊어진다.
성실함이란 거창한 일을 해내는 능력이 아니다.
그것은 '해야 할 일을 오늘 반드시 해내는 태도',
작은 약속 하나라도 끝까지 지키는 힘이다.
계획을 세웠다면 지키고, 정한 일이 있다면 끝까지 마무리하는 것,
이 단순한 태도의 반복이 결국 나를 위대한 길로 이끈다.
성공한 사람들의 공통점은 하나다.
그들은 매일 배우고 성장하며, 어제보다 나은 자신이 되기 위해 노력한다.
자신의 재능을 끊임없이 다듬고, 의식을 확장하며,
받는 것보다 더 많이 주려는 자세로 세상과 관계 맺는다.
오늘도 성실하게 자신과의 약속을 지키는 사람만이
내일 더 큰 부와 기회를 맞이할 수 있다.

오늘도 성실하게 자신과의 약속을 지키는 사람만이
내일 더 큰 부와 기회를 맞이할 수 있다.

오늘의 자기 선언

당신만의 '성실 선언'을 쓰고 말해보자.
성실은 풍요를 여는 첫걸음이다.

예시) 나는 나 자신과의 약속을 지키며, 그 성실함으로 더 큰 풍요를 끌어당긴다.

DAY 070

**아침에 일어나기 싫을 때 이렇게 생각하라.
'나는 인간으로서 해야 할 일을 하러 일어선다.'**

___마르쿠스 아우렐리우스 Marcus Aurelius

하고 싶을 때만 하면 평생 시작하지 못한다.

감정이 허락할 때만 움직이는 사람은 결코 원하는 삶을 살지 못한다.

"오늘은 쉬어도 되지 않을까?", "내일부터 다시 시작하자."

이 말이 습관이 되면 기분에 끌려다니다, 아무것도 하지 못하는 사람이 된다.

풍요를 끌어당기는 사람들은 다르게 산다.

그들은 감정이 아니라 결심으로 움직인다.

기분이 좋든 나쁘든 상관없이, '결정했기 때문에' 행동한다.

행동의 기준을 감정이 아니라 '선택'에 두는 사람,

그가 결국 원하는 현실을 만든다.

정상에 오른 사람들의 삶에는 한결같은 노력이 있다.

지극히 단조로운 하루의 반복, 지루할 만큼 똑같은 루틴, 하기 싫을 때도,

기분이 나쁠 때도 기꺼이 그 반복을 멈추지 않았기에 정상에 도달할 수 있었다.

일어나기 싫어도 일어나라. 반복하라.

그 꾸준함이 결국 당신을 풍요의 길로 이끌 것이다.

**일어나기 싫어도 일어나라. 반복하라.
그 꾸준함이 결국 나를 풍요의 길로 이끌 것이다.**

오늘의 자기 선언

당신만의 '선택 선언'을 쓰고 말해보자.
감정이 아니라 결단이 미래를 만든다.

예시) 나는 이미 충분하다. 그래서 더 많은 풍요가 따라온다.

DAY 071

공을 이루는 자는
처음의 한 걸음을 소홀히 하지 않는다.

——손자孫子

세상에서 가장 무거운 발걸음은 '처음 한 걸음'이다.

대다수의 사람들은 이 한 걸음을 내딛지 못한다.

"조금 더 준비되면", "여건이 나아지면…" 하며 머뭇거린다.

하지만 완벽한 순간은 오지 않는다. 기적은 '준비' 속에 있는 것이 아니라,

움직임 속에 있다. 풍요를 창조하는 사람은 완벽해서 시작하지 않는다.

시작했기 때문에 완벽에 가까워진다. 첫발을 내딛는 순간, 배움이 시작된다.

배움은 길을 열고, 그 길은 결국 풍요의 목적지로 나를 이끈다.

지금의 작은 한 걸음이 비록 미약해 보여도,

그 한 걸음이 없으면 어떤 여정도 시작되지 않는다.

기적은 결심에서 일어나지 않는다.

결심을 '행동'으로 옮긴 바로 그 순간, 우주는 움직이기 시작한다.

준비되지 않아도 괜찮다. 두렵고 부족해도 괜찮다.

중요한 건 '완벽함'이 아니라 '움직임'이다.

오늘 미룬 시작은 내일도 미뤄질 가능성이 높다.

그러니 지금이다. 바로 지금!

**풍요를 창조하는 사람은 완벽해서 시작하지 않는다.
시작했기 때문에 완벽에 가까워진다.**

당신만의 '시작 선언'을 쓰고 말해보자.
행동은 우주를 움직이는 결정적인 에너지다.

예시) 나는 바로 지금 시작한다!

DAY 072

**진짜 성장의 문은
항상 상실과 통증 뒤에 나타난다.**

——칼 구스타프 융 Carl Gustav Jung

편안함 속에서는 결코 새로운 나를 만날 수 없다.

근육이 성장하려면 통증을 견뎌야 하듯,

영혼이 확장되기 위해서도 불편함은 반드시 통과해야 할 과정이다.

풍요를 끌어당기는 사람들은 고통을 두려워하지 않는다.

그들은 고통을 피하지 않고, 그 속에서 배움을 찾고,

그 안에서 자신을 단련한다.

고통은 나를 멈추게 하려는 것이 아니라,

더 큰 나를 만나게 하려는 초대장이다.

삶이 흔들리고, 뜻하지 않은 일이 찾아올 때,

그것은 나를 무너뜨리려는 것이 아니라

나의 믿음을 단단하게 다듬고,

풍요의 그릇을 넓히기 위한 신의 훈련이다.

그 과정을 통과한 자만이

과거와는 차원이 다른 부와 기회를 얻을 것이다.

**삶에 찾아온 고난은 나를 무너뜨리려는 것이 아니라,
나의 믿음을 단단하게 다듬고, 풍요의 그릇을 넓히기 위한
신의 훈련이다.**

오늘의 자기 선언

당신만의 '내면을 깨우는 선언'을 쓰고 말해보자.
성장은 고통을 넘어설 때 시작된다.

예시) 나는 고통 속에서 더 단단해지고 더 큰 풍요를 창조한다.

DAY 073

하늘이 큰일을 맡기려 하면, 그만큼의 큰 고통을 준다.
이는 지금까지 할 수 없던 일을 해낼 수 있도록
단련하기 위함이다.

— 맹자孟子

모든 것이 막히고, 아무리 애써도 결과가 보이지 않는 순간이 있다.

그건 잘못된 길이 아니라, 우주가 나를 단련시키는 과정이다.

작은 그릇으로는 큰 풍요를 담을 수 없다.

그래서 우주는 나를 '확장'시키기 위해

때로는 흔들고, 무너뜨리고, 다시 세운다.

단련은 벌이 아니라 업그레이드를 위한 신호다.

그 시간을 버티는 사람은 강해지고, 그 시간을 껴안는 사람은 커진다.

"나는 안 돼"를 "나는 성장하고 있다"로 바꾸는 순간,

고통은 짐이 아니라 성장의 연료가 된다.

기억하라.

모든 것은 지나간다. 슬픔도, 고통도, 비극도 결국 사라진다.

그리고 그 자리에 새로운 내가 피어난다.

지금의 단련이 끝날 때

당신은 더 큰 부와 더 큰 사명을 감당할 그릇으로 탄생할 것이다.

모든 것은 지나간다. 슬픔도, 고통도, 비극도 결국 사라진다.
그리고 그 자리에 새로운 내가 피어난다.

오늘의 자기 선언

당신만의 '단련 선언'을 쓰고 말해보자.
지금의 시련은 나를 키우기 위한 것이다.

예시) 나는 단련의 시간을 통해 더 큰 풍요로 성장하고 있다.

DAY 074

최고의 예술은
자신을 수련하는 것이다.

___마하트마 간디 Mahatma Gandhi

세상에서 가장 위대한 창조물은 바로 '자기 자신'이다.

진짜 부는 외부에서 오는 것이 아니라,

매일 조금씩 나를 다듬고 단련하는 내면에서 비롯된다.

자기 수련은 화려하지 않다. 대부분의 날들은 단조롭고, 때로는 외롭다.

그러나 그 반복의 시간 속에서 의식은 확장되고,

깊어진 의식이 현실을 바꾼다.

세상에 이름을 남긴 사람들의 공통점은 단 하나,

지루한 하루 속에서도 자신을 불태운 사람들이다.

그 꾸준한 수련이 결국 그들을 정상으로 이끌었다.

부자는 돈을 좇지 않는다.

그들은 자신을 수련하는 과정 속에서

돈, 기회, 풍요가 자연스럽게 따라온다는 걸 안다.

자기 수련이 곧 부의 수련이다.

스스로를 다스리는 사람만이

세상에 없는 가치와 영향력을 만들어낸다.

자기 수련이 곧 부의 수련이다.
스스로를 다스리는 사람만이
세상에 없는 가치와 영향력을 만들어낸다.

오늘의 자기 선언

당신만의 '수련 선언'을 쓰고 말해보자.
꾸준한 나의 수련이 나를 풍요로 이끈다.

예시) 나는 오늘도 나를 단련하며 내 안의 풍요를 확장한다.

DAY 075

당신이 매일 하는 작은 선택들이
당신의 운명을 만든다.

———토니 로빈스Tony Robbins

운명은 멀리 있는 미래가 아니다.
지금 이 순간, 내가 내리는 작은 선택의 결과다.
'오늘 감사한 것 쓰기.' '10분 독서.' '긍정의 한마디.'
이 단순해 보이는 행동들이 쌓여 결국 부와 기회를 만든다.
풍요로운 사람은 오늘의 선택을 결코 가볍게 여기지 않는다.
그들은 알고 있다.
오늘의 선택이 내일의 현실을 바꾸고,
내일의 부를 만든다는 것을.
운명은 거대한 결심에서 만들어지는 것이 아니라,
작은 선택을 매일 반복하는 꾸준함에서 탄생한다.
오늘의 선택이 곧 당신의 미래다.
오늘 당신은 어떤 선택을 할 것인가?

**운명은 거대한 결심이 아니라
매일의 선택이 만든다.**

오늘의 자기 선언

당신만의 '선택 선언'을 쓰고 말해보자.
작은 선택이 쌓여 거대한 운명이 된다.

예시) 나는 오늘도 풍요를 선택한다.

DAY 076

배움은 끝이 없다.
오직 꾸준한 노력을 통해 배움은 이루어진다.

___퇴계 이황

배움이 멈추는 순간, 성장은 멈춘다.

성장이 멈추면, 풍요의 흐름도 멈춘다.

진짜 부자는 통장에 돈이 많은 사람이 아니라

끊임없이 배우며 의식을 확장하는 사람이다.

풍요로운 사람은 "나는 이미 다 안다"라는 말을 하지 않는다.

그들은 배우고, 실행하고, 실행 속에서 다시 배운다.

배움은 끝이 아니라, 확장의 여정이자 성장의 순환이다.

지식이 머릿속에만 머물면 아무 의미가 없다.

삶 속에서 반복되고 실천될 때 그 지식이 지혜가 되고,

그 지혜가 현실을 바꾼다.

작은 배움 하나가 생각을 바꾸고, 그 생각이 행동을 바꾸며,

그 행동이 결국 운명을 바꾼다.

오늘도 배우라. 그 한 걸음의 배움이

당신을 지금과는 차원이 다른 풍요의 세계로 이끌 것이다.

배움이 멈추는 순간, 풍요의 흐름도 멈춘다.
진짜 부자는 끊임없이 배우며 의식을 확장하는 사람이다.

오늘의 자기 선언

당신만의 '배움 선언'을 쓰고 말해보자.
배움은 나를 성장시키는 최고의 투자다.

예시) 나는 매일 배우며, 더 큰 풍요로 성장한다.

DAY 077

**생각이 바뀌면 행동이 바뀌고, 행동이 바뀌면 습관이 바뀌며,
습관이 바뀌면 인격이 바뀌고, 인격이 바뀌면 운명이 바뀐다.**

———윌리엄 제임스William James

모든 변화는 생각에서 시작된다.

행동의 뿌리도, 결과의 씨앗도 결국 생각이다.

생각을 바꾸자는 것은 단순히 긍정적으로 생각하자는 말이 아니다.

그것은 내 삶의 파동을 전환하는 일이다.

풍요로운 사람은 현실을 탓하지 않는다.

그들은 언제나 생각의 방향부터 바꾼다.

결핍을 볼 것인가, 가능성을 볼 것인가.

한계를 볼 것인가, 기회를 볼 것인가.

이 한 끗 차이가 인생의 방향을 완전히 달라지게 한다.

생각이 달라지면, 말이 달라지고

말이 달라지면, 행동이 달라진다.

행동이 달라지면, 결국 운명이 달라진다.

모든 변화의 시작은 밖이 아니라

보이지 않는 내면에서 일어난다.

**모든 변화의 시작은 밖이 아니라
보이지 않는 내면에서 일어난다.**

오늘의 자기 선언

**당신만의 '생각 선언'을 쓰고 말해보자.
생각이 현실을 만든다.**

예시) 나는 풍요를 생각하고, 풍요를 말하며, 풍요를 창조한다.

DAY 078

**행동이 반복될 때,
운명도 그 궤도를 바꾼다.**

＿＿세네카Seneca

◆

위대한 성취는 단 한 번의 행동으로 만들어지지 않는다.

'될 때까지 하는 반복'이 진짜 변화를 만든다.

보이지 않아도, 느껴지지 않아도

오늘의 행동을 묵묵히 쌓는 사람만이 결국 원하는 현실을 만난다.

지루한 반복은 멈추라는 신호가 아니다.

곧 결과가 터질 만큼 에너지가 축적되고 있다는 증거다.

위대한 성취를 이룬 사람들의 하루를 들여다보라.

그들의 삶은 화려하지 않다.

눈부신 순간보다 훨씬 많은 날들이 단조롭고, 때로는 지독히도 외롭다.

그러나 지겹도록 반복되는 그 하루들이 쌓여

인생을 완전히 새로운 궤도로 옮긴다.

부를 만드는 것도, 기회를 여는 것도, 인생을 반전시키는 것도

한 번의 기적이 아니라 매일의 반복이다.

오늘 당신의 반복이 내일의 부, 자유, 그리고 놀라운 반전의 씨앗이 된다.

**위대한 성취는 단 한 번의 행동으로 만들어지지 않는다.
'될 때까지 하는 반복'이 진짜 변화를 만든다.**

오늘의 자기 선언

당신만의 '반복 선언'을 쓰고 말해보자.
반복이 운명을 바꾼다.

예시) 나는 될 때까지 반복하고, 그 반복으로 운명을 새롭게 쓴다.

DAY 079

선을 행하라. 그것이 작아 보여도 멈추지 말라.
작은 물방울이 모여 큰 항아리를 채우듯,
작은 선행이 쌓이면 결국 큰 복이 된다.

—《법구경 法句經》

우주는 언제나 '주고받음'의 법칙으로 움직인다.
주는 사람에게 더 많이 돌아오고,
나누는 사람에게 더 큰 축복이 흐른다.
풍요로운 사람은 계산하지 않는다.
'이만큼 줬으니 이만큼 받아야지' 대신,
'나는 주기 위해 존재한다'는 마음으로 산다.
그렇게 흘려보낸 에너지는 반드시 몇 배가 되어 돌아온다.
작은 친절, 작은 말, 작은 손길이라도 결코 헛되지 않다.
그 한 번의 따뜻한 에너지가
당신의 삶을 다시 채우러 돌아온다.
주는 순간 이미 풍요는 시작된다.
오늘 흘려보낸 선한 에너지 하나가
내일 당신의 인생을 복으로 물들일 것이다.

주는 사람에게 더 많이 돌아오고,
나누는 사람에게 더 큰 축복이 흐른다.

오늘의 자기 선언

당신만의 '나눔 선언'을 쓰고 말해보자.
주는 순간, 이미 풍요는 시작된다.

예시) 나는 언제나 기쁘게 주고, 그 이상으로 풍요로운 복을 받는다.

DAY 080

**작은 일에도 정성을 다하라.
정성은 겉으로 드러나 사람을 감동시키고,
세상을 변화시킨다.**

— 《중용中庸》

하나를 보면 열을 안다.

작은 일을 정성스럽게 하는 사람이 결국 큰일을 해낸다.

진짜 풍요는 작은 일을 대하는 태도에서 시작된다.

대충하는 사람은 결코 큰 기회를 붙잡지 못한다.

하지만 사소한 일에도 진심을 다하는 사람에게 세상은 반드시 더 큰일을 맡긴다.

정성은 단순한 성실함이 아니다.

정성은 내가 하는 일에 우주의 에너지를 실어 넣는 행위다.

나는 수많은 성공한 사람들을 보았다.

그들은 보상을 바라보지 않았다.

그저 자신이 있는 자리에서 혼을 담아 하루하루를 쌓았다.

그 꾸준한 정성이 결국 대체 불가능한 그들을 만들었다.

오늘 당신이 하는 작은 행동 하나가 누군가의 마음을 움직이고,

세상의 흐름을 바꿀 수도 있다.

작은 일에 담긴 정성이 당신의 인생 전체를 풍요의 빛으로 채울 것이다.

작은 일을 정성스럽게 하는 사람이
결국 큰일을 해낸다.

오늘의 자기 선언

당신만의 '정성 선언'을 쓰고 말해보자.
정성이 곧 부와 기회를 끌어오는 에너지다.

예시) 나는 대체 불가능한 사람이다.

'풍요의 습관'을 실천해 온 당신에게

4단계까지 완주한 당신, 진심으로 축하드립니다!
80일 동안 단 한 번도 멈추지 않고 필사하며
스스로를 다스린 당신은 이제 결코 예전의 당신이 아닙니다.
당신은 결심에서 멈추는 사람이 아닙니다.
끝까지 행동으로 증명한 사람입니다.
그 꾸준한 하루하루가 당신 안의 파동을 바꿨고,
그 파동이 당신의 현실을 새로 쓰고 있습니다.

풍요로운 사람처럼 말하고, 느끼고, 행동한 매일의 실천들이
어떻게 당신의 삶을 변화시켰는지 떠올려보세요.
당신은 이제 단순히 '노력하는 사람'이 아니라,
'현실을 창조하는 사람'으로 성장했습니다.
그리고 그 모든 변화는 의지가 아니라 변화된 진동의 결과입니다.

기억하세요.
기적은 한 번의 결심으로 오는 것이 아닙니다.
매일의 작은 행동이 쌓여 결국 인생을 바꾼다는 것을
당신은 이미 몸으로 증명했습니다.

이제 더 큰 도약을 준비할 때입니다.
다음 20일은 지금까지 쌓아온 에너지가
삶 전체로 확장되는 여정이 될 것입니다.
당신 안의 풍요로운 진동이 세상으로 흘러가
지속 가능한 풍요를 완성하게 될 것입니다.
이 놀라운 변화를 스스로에게 선물한 당신,
정말 잘 해내셨습니다!
당신의 용기와 꾸준함에 진심으로 박수를 보냅니다.

마지막 5단계! 준비되셨나요?
이제 당신의 행동이 세상을 비출 차례입니다.
당신의 빛나는 앞날을 진심으로 축복하며, 마음 깊이 응원합니다.

진짜 부는 '얼마나 가지는가'가 아니라,
'그 부를 어떻게 나누며 살아가는가'에 있다.
풍요는 소유의 끝이 아니라, 나눔으로 완성되는 순환의 에너지다.
5단계는 '받는 삶'에서 '주는 삶'으로 나아가는 여정이다.
지금까지 쌓아온 마음, 감정, 믿음, 행동의 에너지를
이제는 세상과 나누며 풍요의 순환을 완성한다.

돈은 벌었지만 마음이 공허한 사람,
성공했지만 외롭고 방향을 잃은 사람들을 종종 본다.
그 이유는 풍요를 '결과'로만 알고 있기 때문이다.
지속 가능한 풍요는 관계, 사랑, 의미를 통해 비로소 완성된다.
풍요로운 사람은 그들이 받은 축복을 세상과 나누며,
그 나눔 속에서 더 큰 기쁨과 에너지를 얻는다.
'주는 기쁨'이야말로 풍요가 끝없이 확장되는 원천이다.

이제 다섯 번째 여정이다.
풍요를 소유가 아닌 순환의 흐름으로 바라보자.
당신의 나눔이 누군가의 희망이 되고,
그 희망이 다시 당신의 삶으로 돌아올 것이다.
진짜 부는 더 '갖는 삶'이 아니라, 세상과 함께 '커지는 삶'이다.

STEP 5

풍요가 지속되는 삶을 살다

Your Abundant Life

DAY 081

**하루에 한 번도 춤추지 않았다면,
그날은 잃어버린 날이다.**

___프리드리히 니체 Friedrich Nietzsche

풍요로운 삶은 거대한 성공에서 시작되지 않는다.

그 시작은 언제나 작은 기쁨을 선택하는 마음에서 출발한다.

매일의 하루가 무미건조하게 느껴지는 이유는

기쁨을 찾는 법을 잊었기 때문이다.

기쁨은 기다림이 아니라 창조의 감정이다.

기쁨은 스스로 만들어내는 가장 강력한 에너지이며,

풍요의 파동은 '지금 이 순간을 기쁘게 살겠다'는 결심에서 시작된다.

춤추듯 살아라. 이유를 찾지 말고, 오늘 하루를 즐기기로 선택하라.

그 선택이 나의 파동을 바꾸고, 그 파동이 나의 현실을 바꾼다. 작은 순간을
즐길 줄 아는 사람이 결국 큰 풍요를 끌어당긴다. 풍요는 지금 이 순간을 사
랑하는 마음에서 흘러나온다.

결과를 기다리는 사람이 아니라, 오늘을 사랑하는 사람이 되자.

삶을 진심으로 사랑하고, 연애하듯 살아라.

그때, 풍요는 이미 당신 안에서 춤추기 시작할 것이다.

삶을 진심으로 사랑하고, 연애하듯 살아라.
그때, 풍요는 이미 내 안에서 춤추기 시작할 것이다.

오늘의 자기 선언

당신만의 '기쁨 선언'을 쓰고 말해보자.
풍요는 기쁨에서 시작된다.

예시) 나는 오늘 하루를 기쁨으로 춤추게 한다.

DAY 082

작은 것에도 만족하는 사람은
언제나 부유하다.

——《명심보감明心寶鑑》

풍요는 더 많이 가지는 데서 오지 않는다.

이미 가진 것을 볼 줄 아는 눈에서 시작된다.

결핍으로 바라보면 부족함이 더 커지고,

만족으로 바라보면 가진 것이 확장된다.

감사와 만족은 우주에 보내는 가장 강력한 파동이다.

'나는 이미 충분하다.' 이 마음에서 더 큰 풍요가 파도처럼 밀려온다.

지금 가진 것 속에서 기쁨을 느낄 줄 아는 사람이

결국 더 많은 것을 받아들일 '준비된 사람'이다.

결핍의 생각이 스며들 때마다 즉시 바꿔라.

'나는 행복해.' '나는 풍요로워.'

'나는 원하는 것을 이미 얻었어. 이 세상이 참 고맙다.'

생각을 바꾸는 순간 파동이 바뀌고,

파동이 바뀌는 순간 현실이 달라진다.

충만한 마음이야말로 더 큰 풍요의 시작점이다.

만족은 멈춤이 아니라, 새로운 풍요를 불러오는 창조의 출발이다.

충만한 마음이야말로 더 큰 풍요의 시작점이다.
만족은 멈춤이 아니라, 새로운 풍요를 불러오는 창조의 출발이다.

오늘의 자기 선언

당신만의 '만족 선언'을 쓰고 말해보자.
감사와 만족은 풍요를 부르는 자석이다.

예시) 나는 원하는 것을 이미 얻었어. 이 세상이 참 고맙다.

DAY 083

**적은 것에도 만족하는 사람은 부유하고,
만족하지 못하는 사람은
아무리 많이 소유해도 가난하다.**

___세네카 Seneca

진짜 부자는 소유의 크기로 평가되지 않는다. 결핍에서 자유로운 마음의 상태, 그것이 진짜 부다. 아무리 많이 가져도 늘 더 많은 것을 원한다면 그는 여전히 가난하다. 그러나 적게 가져도 '충분하다'는 감각을 아는 사람은 세상의 어떤 부자보다도 풍요롭다.

풍요는 통장의 잔고 숫자가 아니라, 지금 이 순간을 온전히 누릴 수 있는 내면의 여유다. 그 여유가 있을 때, 모든 것은 자연스럽게 흘러들어온다.

비교는 결핍을, 만족은 평화를 부른다.

나쁜 감정이 스멀스멀 올라오려 할 때 가장 먼저 해야 할 일은 '알아차림'이다.

'쟤는 집도 샀는데 왜 나는 아직 이래?' 이런 생각이 떠오르는 순간, 단호하게 말하라. "STOP!" 그 생각이 현실을 만드는 것을 허락하지 마라.

비교를 멈추는 순간, 마음은 고요해지고

고요한 마음에서 진짜 부의 감각이 깨어난다.

결핍의 생각을 멈추고, 충만의 파동에 머물러라.

그 순간, 당신은 이미 부자다.

**풍요는 소유의 양이 아니라,
결핍에서 자유로운 마음 상태다.**

오늘의 자기 선언

당신만의 '충만 선언'을 쓰고 말해보자.
마음이 고요할 때 풍요는 나를 찾아온다.

예시) 나는 이미 부자다.

DAY 084

기쁨을 베풀면 기쁨이 돌아오고,
선을 행하면 복이 돌아온다.

——《서경書經》

우주의 법칙은 단순하다. "주는 것이 곧 받는 것이다."
기쁨을 나눈 사람은 더 큰 기쁨을 받고,
선을 행한 사람은 더 큰 축복을 받는다.
이것은 도덕이 아니라, 에너지의 순환 법칙이다.
풍요로운 사람은 이렇게 말한다.
"나누어도 줄지 않는다. 오히려 넘친다."
그렇다. 주는 순간, 이미 나는 받기 시작한 것이다.
받고 싶다면 먼저 주어라. 풍요를 원한다면 먼저 풍요의 통로가 되어라.
행운을 나눠주는 사람이 되는 순간부터
행운은 당신을 중심으로 돌기 시작할 것이다.
그리고 놀랍게도,
나눔의 가장 큰 수혜자는 '받는 사람'이 아니라 '주는 사람'이다.
풍요는 멈춰 있을 때 작아지지만, 순환할 때 폭발적으로 커진다.
풍요는 언제나 '주는 자'에게 흘러간다.

받고 싶다면 먼저 주어라.
풍요를 원한다면 먼저 풍요의 통로가 되어라.

당신만의 '나눔 선언'을 쓰고 말해보자.
주는 순간, 풍요는 흐르기 시작한다.

예시) 나누어도 줄지 않는다. 오히려 넘친다.

DAY 085

**하루에 한 가지 선한 일을 하지 않았다면,
그날은 헛되이 보낸 것이다.**

——《탈무드Talmud》

풍요는 거창한 프로젝트나 큰돈으로 오는 것이 아니다.

풍요는 오늘 하루의 작은 선택에서 시작된다.

작은 친절, 따뜻한 짧은 메시지, 한 줄의 칭찬이 누군가의 하루를 바꾸고,

그 파동은 다시 당신의 현실을 바꾼다.

풍요로운 삶을 사는 사람은 매일 묻는다.

"오늘 나는 누군가를 위해 무엇을 했는가?"

이 질문 하나만으로도 당신의 하루는 헛되지 않다.

그 순간, 이미 당신의 에너지는 풍요의 진동으로 전환되었다.

행운을 기다리지 말라.

행운은 기다리는 자에게 오지 않는다.

행운은 복을 짓는 자에게만 흐른다.

하루 한 번이라도 누군가에게 행복을 전하라.

보이지 않는 곳에서 뿌려진 선의 씨앗은 반드시 복으로 자란다.

기다리는 사람이 아니라, 복을 짓는 사람이 풍요의 주인공이 된다.

**기다리는 사람이 아니라,
복을 짓는 사람이 풍요의 주인공이 된다.**

오늘의 자기 선언

**당신만의 '행동 선언'을 쓰고 말해보자.
작은 선행이 거대한 풍요의 문을 연다.**

예시) 오늘 나는 누군가를 위해 무엇을 했는가?

DAY 086

**사람은 포기할 수 있는 것의 수에
비례하여 부유하다.**

__헨리 데이비드 소로 Henry David Thoreau

진짜 풍요는 더 많은 것을 쌓을 때가 아니라,

불필요한 것을 비울 때 시작된다.

무언가를 내려놓지 못하면, 새로운 것이 들어올 자리가 없다.

손에 꽉 쥔 것을 놓을 수 있어야 더 큰 것을 잡을 수 있다.

집착은 결핍의 파동을 만들고, 내려놓음은 충만의 파동을 만든다.

지금 나에게 필요하지 않은 것을 놓아버릴 때,

우주는 그 빈 공간을 채우기 시작한다.

관계든 물건이든 생각이든,

더 이상 나를 성장시키지 않는 것이라면 과감히 비워라.

그것이 진짜 풍요의 시작이다.

비움은 끝이 아니다.

비움은 더 큰 채움을 위한 시작이다.

비움은 손실이 아니다.

더 큰 풍요를 불러들이는 초대다.

비움은 끝이 아니다. 비움은 더 큰 채움을 위한 시작이다.
비움은 손실이 아니다. 더 큰 풍요를 불러들이는 초대다.

오늘의 자기 선언

당신만의 '비움 선언'을 쓰고 말해보자.
비움은 곧 새로운 채움의 시작이다.

예시) 나는 불필요한 생각을 비우고 새로운 풍요를 맞이한다.

DAY 087

가진 것이 적음을 걱정하지 말고,
가진 것을 제대로 쓰지 못함을 걱정하라.

—《논어論語》

풍요는 얼마나 많이 가지는가에 달려 있지 않다.

풍요는 지금 가진 것을 얼마나 의식적으로 사용하는가에 달려 있다.

돈도, 시간도, 재능도 사용할 때 비로소 가치가 된다.

많이 가진 사람보다, 가진 것을 끝까지 쓰는 사람이 진짜 부자다.

지금 있는 능력을 아낌없이 써라.

지금 주어진 시간과 자원을 최대한 활용하라.

그럴 때 비로소 우주는 '이 사람에게 더 맡겨도 된다'고 판단한다.

행동하지 않는 잠재력은 아무 의미가 없다.

작은 재능이라도, 작은 기회라도,

지금 다 쓰는 순간부터 풍요의 흐름이 열린다.

풍요로운 사람은 알고 있다.

쌓아두는 부는 결국 썩지만, 흐르는 부는 끊임없이 증식한다는 것을.

당신이 가진 것을 기꺼이 사용할 때

우주는 당신을 더 깊이 신뢰하고, 더 넉넉하게 채워줄 것이다.

내가 가진 것을 기꺼이 사용할 때
우주는 나를 더 깊이 신뢰하고, 더 넉넉하게 채워줄 것이다.

오늘의 자기 선언

당신만의 '사용 선언'을 쓰고 말해보자.
풍요는 사용할 때 완성된다.

예시) 나는 내 능력을 아낌없이 사용한다.

DAY 088

**당신이 가진 것을 나누면
절반이 되는 것이 아니라, 두 배가 된다.**

＿＿알베르트 슈바이처 Albert Schweitzer

나눔은 나를 줄이는 일이 아니다.

나눔은 내 에너지를 배로 확장시키는 일이다.

풍요는 '소유' 속에서 머무르는 것이 아니라,

'순환' 속에서 증폭되는 것이기 때문이다.

당신이 가진 것을 세상과 나누는 순간

당신은 우주의 통로가 된다.

작은 나눔 하나가 또 다른 기회를 부르고,

그 기회가 또 다른 기쁨을 만든다.

주는 사람은 잃지 않는다.

주는 순간부터 더 큰 것을 받기 시작하기 때문이다.

그러니 오늘, 당신이 가진 최고의 것을 세상과 나누라.

지금 가진 것이 비록 부족해 보일지라도 괜찮다.

그럼에도 불구하고 최고의 것을 주라.

풍요의 강은 당신을 중심으로 흐르기 시작할 것이다.

내가 가진 것을 세상과 나누는 순간
나는 우주의 통로가 된다.

당신만의 '나눔 선언'을 쓰고 말해보자.
작은 나눔이 거대한 풍요를 만든다.

예시) 나는 풍요가 흘러가는 우주의 통로다.

DAY 089

선은 남에게 행하는 순간,
이미 나에게 돌아온다.

——《법구경 法句經》

우주는 당신의 진심을 결코 놓치지 않는다.
선한 행동, 따뜻한 말, 진심에서 우러난 응원은
모두 에너지로 저장되어 반드시 되돌아온다.
이것이 우주의 법칙이다.
보상이 즉시 오지 않아도 조급해하지 마라.
시간이 걸릴 뿐, 그 에너지는 절대로 사라지지 않는다.
단, 보여주기 위한 선행은 쉽게 사라진다.
그러나 진심에서 흘러나온 선의 파동은 영원히 남는다.
그것은 어느 날, 예상치 못한 만남으로, 뜻밖의 기회로,
혹은 생각지도 못한 도움으로 찾아온다.
당신이 뿌린 선은 시간과 공간을 돌아 결국 나에게 돌아온다.
그리고 돌아올 때는 처음 심었던 씨앗보다 훨씬 커진 열매가 되어 온다.
하늘은 진심을 외면하지 않는다.
온 마음을 다해 누군가에게 선을 베풀 때
그 에너지는 반드시 당신의 삶을 움직이기 시작할 것이다.

내가 뿌린 선은 시간과 공간을 돌아 결국 나에게 돌아온다.
그리고 돌아올 때는 처음 심었던 씨앗보다
훨씬 커진 열매가 되어 온다.

오늘의 자기 선언

당신만의 '선한 진동'을 쓰고 말해보자.
선의 파동은 복의 파동으로 되돌아온다.

예시) 나는 오늘 진심으로 선한 에너지를 발산한다.

DAY 090

행복은 많이 가지는 데 있지 않고,
적은 것에 만족하는 데 있다.

———에피쿠로스Epicurus

행복은 '언젠가'가 아니라,

'지금 이 순간'을 느낄 줄 아는 능력이다.

풍요로운 사람은 조건이 아니라

감정의 진동으로 행복을 만든다.

무언가를 얻어야 행복한 것이 아니다.

지금 이 순간, 살아 있다는 사실 자체가 이미 축복이다.

이 깨달음이 진짜 풍요의 시작이다.

오늘 하루, 숨 쉬고, 걸을 수 있고, 사랑할 수 있음에 감사하라.

그 단순한 사실들이 삶을 충만하게 만든다.

행복은 도착점이 아니다.

당신이 걸어가는 길 위에서 반짝이는 순간들이다.

지금 이 평범한 순간 속에서도 감사와 만족을 발견한다면,

이미 나는 풍요로운 사람이다.

오늘 나는 무엇에 행복한가?

행복은 도착점이 아니다.
내가 걸어가는 길 위에서 반짝이는 순간들이다.

오늘의 '행복 선언'을 쓰고 말해보자.
감사는 풍요의 완성이다.

예시) 지금 이 순간이 이미 축복이다.

DAY 091

보시를 행하라. 그러나 보시할 때,
보시하는 나도, 받는 이도, 보시할 대상도 없음을 알라.
이렇게 보시하면 무한한 복을 얻을 것이다.

—《금강경金剛經》

진짜 나눔은 '보여주기 위한 행위'가 아니다.

아무런 조건도 계산도 없는 사랑의 흐름일 때,

그것은 우주를 움직이는 가장 강력한 에너지가 된다.

주는 행위는 겉으로 보면 '손해'처럼 보일 수 있다.

그러나 실상 그것은 무한한 복을 여는 열쇠다.

진심에서 흘러나온 나눔은 반드시 돌아오며,

그것은 우리가 상상하지 못한 방식으로 삶을 변화시킨다.

풍요로운 사람은 계산하지 않는다.

'주는 순간' 이미 자신이 풍요의 통로임을 알기 때문이다.

진심으로 행한 나눔은 결코 사라지지 않는다.

그것은 보이지 않는 세계에서 파동이 되어

나의 삶을 축복으로 감싸기 시작한다.

오늘 하루, 아무도 모르게 선을 베풀어보라.

그 작은 진심 하나가 우주를 움직인다.

풍요로운 사람은 계산하지 않는다.
진심으로 행한 나눔은 결코 사라지지 않는다.

오늘의 자기 선언

당신만의 '나눔 선언'을 쓰고 말해보자.
보이지 않는 나눔이 가장 강력한 풍요를 부른다.

예시) 나는 오늘, 아무도 모르게 선을 베풀며 우주의 풍요와 하나된다.

DAY 092

만약 당신이 다른 사람의 삶을
조금이라도 더 행복하게 만들었다면, 그것으로 충분하다.

——랄프 왈도 에머슨Ralph Waldo Emerson

우리는 종종 '더 큰 성취'와 '더 많은 결과'만이 성공이라고 믿는다.

하지만 진짜 성공은 그렇게 거창한 것이 아니다.

누군가의 하루를 따뜻한 한마디로, 한 번의 미소로,

작은 행동 하나로 밝힌 적이 있다면, 이미 그것으로 충분하다.

당신의 말 한마디가 누군가를 다시 살아가게 하고,

당신의 진심 어린 행동 하나가 어떤 이의 인생을 완전히 바꿀 수도 있다.

그 변화의 파동은 반드시 돌아와 나의 삶을 더 높은 차원으로 이끈다.

풍요는 '나 혼자 잘되는 것'이 아니다.

풍요는 '누군가를 더 행복하게 만드는 힘'이다.

그 힘이 커질수록 나의 그릇도 커진다.

당신이 태어나기 전보다, 당신의 존재로 인해

세상이 조금이라도 더 따뜻해졌다면 그것이면 충분하다.

당신이 존재한 덕분에 단 한 사람이라도 웃을 수 있었다면

그것이 바로 진정한 성공이며, 영혼이 누리는 가장 깊은 풍요다.

내가 존재한 덕분에 단 한 사람이라도 웃을 수 있었다면
그것이 바로 진정한 성공이며,
영혼이 누리는 가장 깊은 풍요다.

오늘의 자기 선언

당신만의 '영향력 선언'을 쓰고 말해보자.
진짜 성공은 누군가의 삶을 더 따뜻하게 만드는 것이다.

예시) 나는 오늘 단 한 사람의 삶이라도 더 밝히는 존재다.

DAY 093

영혼에서 우러나 하는 일에는
강물이 흐르는 듯한 기쁨이 있다.

___루미Rumi

억지로 하는 일은 금세 에너지가 고갈된다.

하지만 영혼에서 우러나오는 일은 시간이 지나도 지치지 않는다.

세상의 기준이나 타인의 시선이 아니라,

내 영혼이 원하는 일을 할 때 나는 비로소 진짜 행복을 경험한다.

그 기쁨이야말로 풍요의 본질이며,

현실을 움직이는 가장 순수한 창조의 진동이다.

풍요로운 사람은 결과보다 의미를 본다.

일의 크기가 아니라,

그 일을 통해 내 영혼이 얼마나 성장하고 있는지를 본다.

영혼에서 우러나오는 일이라면, 그 길은 반드시 풍요로 이어진다.

왜냐하면 그 안에는 이미 우주의 기쁨이 흐르고 있기 때문이다.

오늘, 당신의 영혼이 기뻐하는 일을 하라.

충만하게 행복하라. 삶과 사랑에 빠져라.

연애하듯 오늘을 살아라.

영혼에서 우러나오는 일이라면,
그 길은 반드시 풍요로 이어진다.
왜냐하면 그 안에는 이미 우주의 기쁨이 흐르고 있기 때문이다.

오늘의 자기 선언

당신만의 '영혼 선언'을 쓰고 말해보자.
영혼이 원하는 길이 풍요의 길이다.

예시) 나는 연애하듯 오늘을 산다.

DAY 094

모든 것을 가지려는 욕망을 버려라.
그러면 모든 것을 얻게 될 것이다.

___노자 老子

손에 꽉 쥔 것을 놓지 않으면,

새로운 것이 들어올 공간이 없다.

하지만 손을 펴면,

세상은 그 빈자리를 채우기 시작한다.

풍요는 좇을수록 멀어지고, 놓아줄수록 가까워진다.

내가 모든 것을 조종하려는 순간, 에너지는 막히고

믿고 맡길 때, 에너지는 흐르기 시작한다.

진짜 풍요는 더 가지려는 마음이 아니라,

이미 충분하다는 믿음 위에서 흐른다.

우주는 통제하려는 사람보다 흐름을 확신하는 사람에게 길을 열어준다.

결과를 붙잡겠다는 조급함을 내려놓아라.

'언제 올까'가 아니라, '이미 오고 있다'고 믿어라.

그 순간부터 모든 것이 자연스럽게 당신을 향해 흘러오기 시작할 것이다.

**풍요는 좇을수록 멀어지고,
놓아줄수록 가까워진다.**

오늘의 자기 선언

**당신만의 '믿음 선언'을 쓰고 말해보자.
놓을 때, 풍요는 더 가까워진다.**

예시) 나는 이미 오고 있다고 믿는다.

DAY 095

**인생에서 중요한 것은 숨을 쉰 횟수가 아니라,
우리의 숨을 멎게 한 순간들이다.**

＿＿마야 안젤루Maya Angelou

풍요로운 삶이란 단순히 '얼마나 오래 사는가'의 문제가 아니다.

숨이 멎을 만큼 벅찬 순간을 얼마나 많이 경험하는가,

그것이 진짜 풍요의 기준이다.

감동, 기쁨, 사랑, 나눔, 감사…….

그 모든 순간이 많을수록 삶은 깊어지고, 풍성해진다.

풍요는 미래의 목적지가 아니다.

그것은 지금 이 순간, 내가 얼마나 깊이 살아내고 있는가에서 온다.

하루 중 몇 번이나, 세상의 아름다움에 숨을 멈추고

감사와 감탄, 그리고 벅차오르는 사랑을 느껴본 적이 있는가?

그 짧은 찰나의 순간들이 쌓여 당신의 삶을 예술로 바꾼다.

그것이 바로 진짜 풍요다.

오늘, 조용히 스스로에게 물어보라.

"지금, 내 삶은 나를 감동시키고 있는가?"

그 대답이 "예"라면, 이미 나는 풍요 속에 살고 있는 것이다.

풍요는 미래의 목적지가 아니다.
그것은 지금 이 순간,
내가 얼마나 깊이 살아내고 있는가에서 온다.

오늘의 자기 선언

당신만의 '감동 선언'을 쓰고 말해보자.
진짜 풍요는 지금, 내 삶을 감동시키는 데 있다.

예시) 나는 오늘, 숨이 멎을 만큼 벅찬 순간들에 감사한다.

DAY 096

행복은 욕망을 충족시키는 데 있지 않고,
욕망으로부터 자유로워지는 데 있다.

——붓다Buddha

풍요를 가로막는 것은 부족함이 아니다. 멈추지 않는 '더'를 향한 욕망이다.

우리는 종종 '조금만 더 가지면 행복해질 것'이라 믿지만,

욕망은 채울수록 오히려 더 큰 허기를 만든다.

그 허기는 끝이 없고, 결국 마음을 지치게 만든다.

진짜 부자는 욕망을 모두 이룬 사람이 아니라

욕망으로부터 자유로워진 사람이다.

마음이 '이미 충분하다'는 상태에 머물 때

우주는 그 여유로운 그릇 속에 새로운 축복을 채워줄 것이다.

갖지 못한 것에 집착하는 사람은 풍요를 좇고,

자유로워진 사람은 풍요를 끌어당긴다.

욕망은 마음을 흔들지만, 자유는 마음을 고요하게 한다.

그 고요함 속에서 잠재의식은 무한한 가능성을 열기 시작한다.

모든 것은 이미 충분하다. 당신은 결핍을 채우는 존재가 아니라,

넘치도록 풍요를 흘려보내는 존재임을 기억하라.

**진짜 부자는 욕망을 모두 이룬 사람이 아니라,
욕망으로부터 자유로워진 사람이다.**

오늘의 자기 선언

당신만의 '풍요 선언'을 쓰고 말해보자.
풍요는 더 가지려는 마음이 아니라, 자유로워진 마음에서 온다.

예시) 나는 욕망에서 자유롭다. 나는 이미 충분하다.

DAY 097

하루를 사랑으로 채우지 못했다면,
그 하루는 헛된 것이다.

___마더 테레사 Mother Teresa

사랑은 풍요의 가장 순수한 진동이다.

사랑이 있는 곳에는 결핍이 머물 수 없다.

사랑으로 말하고, 사랑으로 행동하고, 사랑의 시선으로 바라보라.

그때, 당신의 삶은 축복의 에너지로 자연스럽게 전환될 것이다.

사랑은 줄수록 커지고, 나눌수록 깊어진다.

사랑으로 하루를 채우는 사람은

이미 풍요의 가장 높은 진동 속에서 살아간다.

사랑의 마음으로 세상을 대할 때,

잠재의식은 그 에너지를 받아 현실을 새롭게 그리기 시작한다.

오늘 하루, 사랑으로 하루를 시작하라.

사랑으로 감사하고, 사랑으로 용서하라.

그 모든 순간마다,

우주는 당신을 통해 더 큰 풍요를 흘려보낼 것이다.

결국, 사랑이 모든 것의 시작이자 완성이다.

사랑은 줄수록 커지고, 나눌수록 깊어진다.
사랑으로 하루를 채우는 사람은
이미 풍요의 가장 높은 진동 속에서 살아간다.

오늘의 자기 선언

당신만의 '사랑 선언'을 쓰고 말해보자.
사랑이야말로 풍요의 본질이다.

예시) 나는 오늘 하루를 사랑으로 채운다.

DAY 098

**세상은 당신이 얻은 것으로 당신을 평가하지 않는다.
당신이 준 것으로 기억한다.**

___윈스턴 처칠 Winston Churchill

성공은 내가 '얼마나 얻었는가'로 측정되지만,

위대함은 내가 '얼마나 나누었는가'로 정의된다.

사람들은 당신이 모은 재산을 기억하지 않는다.

그들은 당신의 한마디에 용기를 얻었던 순간,

당신의 미소 하나에 마음이 녹았던 기억,

당신의 진심이 닿아 삶이 변했던 시간을 기억한다.

진짜 부자는 무엇을 가졌는가가 아니라, 무엇을 남겼는가로 증명된다.

사랑의 흔적, 나눔의 울림.

그것이 바로 세상에 남는 진짜 유산이다.

'나는 세상에 무엇을 남기고 떠날 것인가?'

이 질문 하나가 인생의 방향을 완전히 바꾼다.

눈 감는 날, 스스로에게 웃으며 이렇게 말할 수 있다면…….

"그간 사랑으로 잘 살았다! 많은 것을 나누고 행복하게 떠난다."

그것이 바로 진정한 부자의 삶이다.

사랑의 흔적, 나눔의 울림.
그것이 바로 내가 세상에 남기는 진짜 유산이다.

오늘의 자기 선언

당신만의 '영향력 선언'을 쓰고 말해보자.
사랑의 흔적은 영원하다.

예시) 나는 세상에 가치 있는 흔적을 남기는 사람이다.

DAY 099

남을 이롭게 하려는 자는 스스로 더욱 이로워지고,
남을 돕는 자는 스스로 더욱 강해진다.

——《역경易經》

우주는 '나'보다 '우리'를 더 크게 여긴다.

누군가를 도울 때

그 에너지는 반드시 나에게 되돌아온다.

남을 밝히면 나의 내면도 빛나고,

남을 일으키면 나의 영혼도 성장한다.

왜냐하면 사랑의 파동은 결국 나를 더 강하게 만들기 때문이다.

시간이 지나면 우리 모두는

삶이라는 무대의 커튼이 내려오는 순간을 맞이한다.

그때 남는 것은 단 하나, 내가 얼마나 많은 이들과 나누었는가.

주위 사람들을 사랑하라. 세상을 사랑하라.

그리고 무엇보다 자신에게 잘 대해주어라.

그것이 풍요의 완성이다.

주는 사람, 사랑하는 사람, 나누는 사람이

결국 이 세상을 밝히는 진정한 강자다.

**주는 사람, 사랑하는 사람, 나누는 사람이
결국 이 세상을 밝히는 진정한 강자다.**

오늘의 자기 선언

당신만의 '나눔 선언'을 쓰고 말해보자.
돕는 힘이 나를 성장시킨다.

예시) 나는 이 세상을 밝히는 진짜 강자다.

DAY 100

**자신을 잊고 남을 돕는 순간,
진정한 자신을 발견한다.**

___마하트마 간디 Mahatma Gandhi

진짜 풍요는 나를 채울 때가 아닌 나를 비워 세상과 하나가 될 때 완성된다.

'나'를 내려놓는 순간,

우주는 당신을 통해 사랑을 전하고, 당신을 통해 기적을 만든다.

이제 당신은 안다.

풍요는 멀리 있는 것이 아니라, 항상 당신 안에 있었다는 것을.

당신 안에서 펄떡이는 열정을 향해 나아가라.

그것이 당신의 길이고, 당신의 사명이다.

그 길 위에서는 필요한 모든 것이 가장 완벽한 타이밍에 찾아올 것이다.

세상에 가장 좋은 것을 주어라. 당신을 통해 기적이 일어날 것이다.

성공이란 종착이 아닌 여정이다.

'지금 이 순간'이라는 과정들을 즐기면서 걸어가는 사람이야말로

진정 풍요로운 행복한 부자다.

당신은 어떤 빛으로 세상을 비출 것인가? 세상은 그 빛을 기다리고 있다.

진짜 풍요는 나를 채우는 데 있지 않다.
나를 비워 세상과 하나가 될 때 완성된다.

오늘의 자기 선언

당신만의 '완성 선언'을 쓰고 말해보자.
풍요는 자기를 초월할 때 완성된다.

예시) 나는 사랑으로 세상을 밝히는 풍요로운 행복한 부자다.

마침내 '진정한 풍요'를 완성해 낸 당신에게

드디어 5단계까지, 100일의 위대한 여정을 완주한 당신께
진심으로 뜨거운 축하의 박수를 보냅니다.

100일 전의 당신은 '풍요를 찾는 사람'이었습니다.
그러나 지금의 당신은 '풍요를 만들어내는 사람'으로
다시 태어났습니다.
당신은 단순히 글을 필사한 것이 아닙니다.
하루하루의 문장을 통해 마음을 새로 쓰고,
잠재의식의 파동을 완전히 바꾸는
창조의 여정을 완성한 것입니다.

이 여정을 통해 당신은 깨달았을 겁니다.
풍요는 외부에서 오는 것이 아니라,
언제나 당신 안에서 숨 쉬고 있었다는 것을.
진짜 부는 소유가 아니라 순환이며,
혼자 간직하는 것이 아니라

나눌수록 커지는 에너지라는 것을요.
당신이 오늘 나눈 사랑,
당신이 건넨 따뜻한 마음은
보이지 않는 곳에서 파동이 되어
반드시 더 큰 축복으로 되돌아올 것입니다.

이 책은 여기서 끝나지만,
당신의 풍요로운 삶은 이제 막 시작되었습니다.
매일 깨어 있는 마음으로 감사하고,
사랑하고, 나누며 살아가세요.
그 순간순간이 바로 풍요의 기적입니다.

기억하세요.
당신은 이미 충분하고, 이미 빛나며,
이미 모든 것을 가진 존재입니다.

100일간 정말 잘 해내셨습니다.
이 여정의 끝에서,
당신은 이제 '완성된 행복한 부자'가 되셨습니다.
당신의 찬란한 인생을
마음 깊이 뜨겁게 응원합니다.

Awakening
부의 진동을 깨우는
100일 철학 필사